自在 快乐之城·山

KUAILE ZHICHENG
ZIZAI LESHAN

乐·山

中共乐山市委宣传部

编

北京师范大学出版集团
BEIJING NORMAL UNIVERSITY PUBLISHING GROUP
北京师范大学出版社

《快乐之城·自在乐山》编委会

观景秀乐山　游百乐之城

　　中华优秀传统文化是中华民族的精神命脉，地方文化又是中华文化的重要组成部分。乐山是国家历史文化名城，有记载的历史已经有3000多年，文化资源丰富，文化底蕴深厚。为全方位展示乐山悠久璀璨的历史文化、独具魅力的旅游资源和突飞猛进的经济社会发展情况，我们精心编写了这本书，希望大家能通过这本书，向往乐山、走进乐山、爱上乐山。

　　乐山，是一座人杰地灵的历史名城。早在石器时代，就有人类在这片土地上繁衍生息。到了春秋时期，住在长江一带的开明氏族，在首领鳖灵的带领下，沿着长江逆流而上，迁到乐山所在地定居，把长江中游先进的治水经验和农耕技术带来这里，将乐山开发成了"鱼米之乡"，这里就成了蜀王发祥的故都。所谓"一方水土养一方人"，独特的地理人文环境造就了乐山独特的群体个性，熔铸了乐山人的精神气质，孕育了一大批铮铮风骨的乡贤名家。据不完全统计，从两汉起，被记入《史记》等人物传记的乐山名人就有80多人，宋元明清时代有1400多人中进士，近现代地方史志上记载了200多位乐山籍名人。有我们耳熟能详的北宋大文豪苏轼，清代内阁侍读学士雷畅，现代大文豪郭沫若等，还有王勃、李白、岑参、黄庭坚、陆游等著名的诗（词）人，他们有的在乐山成长，有的在这里为官一任，有的在这里游历，留下了许多脍炙人口的名篇佳作或流传千古的人文故事，让我们感叹乐山这座历史名城深厚的人文历史。

乐山，是一处底蕴深厚的灵秀之地。乐山文化发源于古蜀文明，在经历了几千年岁月洗礼后，逐渐形成自己独有的文化特性，即我们通常说的"嘉州文化"。"嘉州文化"既包含了乐山极为丰富的文化遗存，如留存至今的以乐山文庙、犍为文庙为代表的众多儒家文化遗存，以乐山大佛、峨眉山为代表的佛教文化遗存，以老霄顶万寿宫等为代表的道教文化遗存，包含了以峨眉武术为代表的武术文化，以峨眉山茶为代表的茶文化，以马边彝族自治县、峨边彝族自治县为代表的小凉山彝族文化，也包含了乐山独特山水孕育的名人文化、民俗文化等，形成了独具特色的乐山文脉——佛禅文化、峨眉武术文化、沫若文化、茶文化、小凉山彝族文化。

乐山，是一方享誉中外的旅游胜地。乐山是国家著名旅游城市，因为地处四川盆地向西南山地过渡地带，特殊的地理位置和气候造就了秀美的自然风光，与境内丰富的历史文化融合起来，形成了独具一格、星罗棋布的风景名胜。全市拥有国家级旅游景区、公园、水利风景区、重点文物保护点50余处。特别是世界自然文化双遗产——"峨眉山—乐山大佛风景区"是旅游爱好者们的必去之地，"工业革命活化石"嘉阳小火车、"地质天书"金口大峡谷也是来乐山旅游的人们喜爱的景点，天然温泉更是乐山的特色资源之一。这里的跷脚牛肉、钵钵鸡、串串香、甜皮鸭等美食独具特色，《舌尖上的中国》每期都有推荐。四川国际旅游交易博览会、马拉松赛、茶博会、武术节、冰雪节等文旅活动丰富多彩，沐川草龙、夹江年画等非遗文化独具神韵，在乐山赏风景、尝美食、品文化、泡温泉、习非遗，放飞身心，怡神养性，实是人生一大幸事。

乐山，是一片得天独厚的投资沃土。乐山处在三江汇流之地，自古就是川南交通的枢纽，区位优势和便捷的交通为乐山经济社会发展打下了坚实的基础。乐山处在成都平原经济圈和川西、川南、攀西的结合部，拥有优越的区位优势、良好的投资环境，正在全力打造"四川旅游首选地、绿色转型示范市、山水园林宜居城、总部经济聚集区"，奋力建设世界重要旅游目的地和成都平原城市群区域中心城市，力争建成四川经济副中心不懈努力，355万乐山人民正以开放姿态，迎接四海宾朋、八方商客，前来乐山旅游、投资兴业，共同谱写乐山发展的新篇章。

乐山素有"天下山水之观在蜀，蜀之胜曰嘉州"的美誉，这里精美绝伦的历史遗存、闻名遐迩的风光景色、脍炙人口的诗词歌赋、出类拔萃的文人墨客和得天独厚的投资环境，是大自然和历代先辈们的馈赠，是乐山历史文化名城的魅力之所在、精神之所在，更是争创全省经济副中心的强大基石。希望读到这本书的朋友们，能在愉快的阅读过程中，喜欢这座城市、走进这座城市、留在这座城市！

中共乐山市委宣传部

乐山：何止乐享青山

邛崃山余脉隐入四川盆地西南之处，烟波三江千里奔腾汇流，3000米峨眉自平原拔地而起，孕育出一方人文荟萃、地饶物丰的嘉美郡土，这便是古之嘉州、今之乐山。

"少年不愿万户侯，亦不愿识韩荆州。颇愿身为汉嘉守，载酒时作凌云游。"当苏东坡的潇洒歌行已收入史册，今天的乐山又带给我们怎样的惊喜？乐山，千载之后，展开一幅怎样的乐土长卷？

乐山乐水乐风光

"天下山水之观在蜀。蜀之胜，曰嘉州"，嘉州之美，美在山水。南宋诗人陆游曾代理嘉州行政长官9个月，写下诗歌百余首，直叹嘉州"江山壮丽诗难敌"。

在与乐山城隔江相望的凌云山麓，岷江、大渡河、青衣江三江汇流处，通高71米、历时90年凿成的弥勒大佛临江危坐，头与山齐，足踏大江，庄严雄伟，形成"佛是一座山，山是一尊佛"的天下奇观，而且顺势缓解了漩涡撞壁的激流，真正护佑一方平安。

天朗气清之时，从乐山城遥望，数十里外一座"云鬟凝翠，鬓黛遥妆，真如螓首蛾眉"的青山展现眼前，那就是秀甲天下的峨眉山。

峨眉山生物资源异常丰富，以琼花瑶草、异兽珍禽著称，有中国西南地区"古老的植物王国""天然动物园"的美誉。山上发现的野生动物有3200多种，植物达5000多种。

相传峨眉山是普贤菩萨的道场，佛教文化悠久浓厚，古迹寺庙众多。峨眉山金顶的铜铸镏金十方普贤像高48米，耸入云端，是国内海拔最高的露天佛像。山脚下的大佛禅院，则是亚洲最大的汉传佛教寺院。

四川盆地向西南山地过渡的独特地理位置和气候，造就乐山的壮丽江山。除了峨眉山—乐山大佛这一世界自然文化双遗产外，乐山境内还有世界灌溉工程遗产东风堰、"地质天书"金口河大峡谷等28处国家A级旅游景区，7处国家级公园、16处全国重点文物保护点，构成世界级旅游胜地。

依托山水人文资源，近年来，乐山响亮提出打造"世界重要旅游目的地""四川旅游首选地"的口号，2018年全市实现接待国内外游客近5700万人次、旅游经济总量位居四川第二。

乐居乐食乐生活

走进乐山大佛以北2公里处的乐山大佛博物馆，乐山的生活之乐，自历史幽微处向人们走来。

博物馆展陈的数百件当地汉代崖墓出土的人物俑，虽然身份不同、造型各异，但多有一个共同特点,脸上挂着笑容：或颔首微笑，或吐舌微笑，或露齿大笑……

人物俑中，庖厨俑尤其令半月谈记者印象深刻，它们衣袖上挽，双手在案几上忙碌，表情自得。乐山人追求"舌尖上的美味"的渊源，仿佛在这里找到答案。

今天的乐山，特色餐饮种类繁多，仅名小吃就上百种，西坝豆腐、叶儿粑、跷脚牛肉、麻辣烫、钵钵鸡、甜皮鸭……这些传统美食大多源自民间。

苏稽镇"古市香跷脚牛肉"老板张谦告诉半月谈记者，清光绪年间，当地人在苏稽镇盐运码头摆开大铁锅，以牛内脏、中药材等熬汤煮肉，闻香而来的纤夫、挑夫要跷脚而食，"跷脚牛肉"因此得名。如今，苏稽"跷脚牛肉"早已风靡四海。

乐山人的生活美味，植根于悠久的农耕文明。史载"蜀守李冰凿离堆，避沫水（即今大渡河）之害"，以兴建都江堰留名青史的李冰，也曾在乐山组织民众开凿集防洪、灌溉、航运功能于一体的离堆，奠定了乐山农业发展的基础。

如今，乐山已成为四川重要的农产品生产加工基地，形成了林竹、茶叶、畜牧、蔬菜、中药材五大主导产业，被誉为"中国绿茶之都"。境内大西南茶叶市场年交易额超85亿元，是西南地区最大的名优绿茶集散地。

乐创乐业乐发展

三江汇流的乐山，是川内重要的水码头。水运兴盛，带来的不仅是货物集散，更有文化融合、思想碰撞，塑造了乐山大胆创新、敢为人先的城市性格。

早在1987年，乐山就开启了股份制改革，1993年，乐山已是当时国内除深圳、上海外上市公司最多的城市。

走进乐山夹江县黄土镇，半月谈记者看到，如蚁的货车满载着陶瓷产品运往全国各地。谁能想到，号称"西部瓷都"的夹江，只有30多年产瓷史。

1987年，黄土镇几位村民筹资67万元创办夹江建筑瓷厂，点燃了第一把炉火。从此，夹江陶瓷产业"从无到有、从小到大"，陶瓷年产量目前占到四川省的77%、全国的7%。

几位敢想敢闯的村民，"鼓捣"出一个县的支柱产业，让我国第四大传统陶瓷产区浮现于乐山，人们不由赞叹，西部也有"温州模式"！

在新一轮工业结构升级中，乐山积极培育新增长极。依托境内原料资源丰富的优势，乐山着眼谋划多晶硅产业集群。去年12月，永祥公司的新能源高纯晶硅一期项目正式投产，年产高纯晶硅2.5万吨。全市多晶硅项目全部建成投产后，产业产值有望达到400亿元左右。

乐之源泉在人民

漫步乐山街头不难发现。党政机关院落都没有围墙，敞开的大院已变为市民休闲散步的城市花园。

2016年，乐山市委市政府要求市级机关带头拆除办公场所围墙。不到一个月，乐山市委1050米长的围墙彻底被拆除，3万平方米的绿地和近100个停车位向市民免费开放。

拆围墙，不是简单地把墙推倒，而是适应多元开放的城市格局。近年来，乐山市推出政策"组合拳"，重塑开放透明的社会治理新格局，以全民共治作为增强群众获得感的关键一招。

乐山把涉及各类服务、咨询、投诉、举报的55条热线整合为1条心连心服务热线12345，整合应急指挥、城市管理等多元系统平台，真正实现百姓诉求集中受理，开通1年来累计处理各类诉求72万多件，2018年全市信访量下降40%。

在乐山城市中心，有一处面积近10平方公里的绿地公园，紫薇、芙蓉、梅花点缀四季，夏夜更有萤火虫成群闪烁，已成为市民享受休闲时光的首选游憩胜地。但就在几年前，这个如今已得名城市"绿心"的公园，还是一片垃圾乱堆、污水乱排的城中村。

经过细致努力，乐山对城中村居民全部实施生态搬迁，修建起10公里长的绿道环线，并以此为链，串联起六大主题公园，才有了今日乐山的"生态之心、文化之心、健康之心"。

乐山之乐，在于人民之乐。一片山水优美、生活宜人、产业兴旺、百姓幸福的永续乐土，正在嘉州展现新颜。

（《半月谈》2019年第11期刊载　作者：惠小勇　黄毅　张超群）

目　录

峨边彝族自治县

马边彝族自治县

乐山国家高新区技术产业开发区

后　记

第一章

市史 市貌 市情

第一节
人文厚重——历史概览

乐山是国家历史文化名城，溯源可及远古石器时代。穿越浩瀚历史时空，古嘉州这片神秘的土地历经沧海桑田，留下了厚重的记忆。

◎ 建制沿革

乐山有人类活动的历史可以追溯到石器时代。现乐山市地域在夏朝、商朝时代，属于梁州范围。西周时期，是蜀国南部边疆。

春秋时期，开明氏首领鳖灵率领部落沿长江而上，在青衣江、岷江交汇地域（现乐山区域）定居，开垦荒地，治理田泽，发展农、牧、渔业，后势力逐步扩展到川西平原。鳖灵因治水有功而取代蜀王望帝，建立古蜀国最后一个王朝——开明氏蜀国，号丛帝，先建都广都（今双流县牧马山），后迁成都，传十二世，乐山因此称为"开明故治"。开明氏成为蜀王后，今乐山市境为开明氏丹犁部落封地。

战国时期，秦武王派兵南下灭丹犁后，在今乐山地区设置南安县，属于蜀郡。

西汉时期，南安县由蜀郡改属犍为郡。犍为郡以乐山、犍为一带为中心，最大管辖范围包括现今的四川双流、新津、宜宾、泸州以及云南昭通、贵州遵义等地。

东汉时，光武帝刘秀褒奖任用蜀中士人，称赞犍为郡为"士大夫之郡也"。汉代的乐山，是犍为郡中极为重要的交通要冲和经济、文化中心之一，是西南方面的一条国际通道——"南丝绸之路"重要节点，达到相当高的繁荣程度。

从汉朝到南北朝期间，乐山先后改名为"青州""眉州""平羌"。

北周大成元年（579年），青州改名嘉州，取"郡土嘉美"之意，管辖平羌、青城、齐通、隆山四郡。

唐宋时期的嘉州治地，城内外遍种海棠，每到暮春，城周山岗繁花似锦，争相吐艳，花香四野，所以又有"海棠香国"的雅称。乐山因为毗邻成都，又是水路要冲，在唐宋时期发展成为"西南名郡""惟蜀雄都"，为乐山历史上发展速度较快的时期，是卓筒盐井、石油竖井等首创地。

南宋庆元元年（1195），嘉州升为嘉定府。明代嘉定府降格成嘉定州。清雍正十二年（1734），雍正皇帝下旨将嘉定州升格为嘉定府，增设乐山县，取"城西南五里有'至乐山'"为名，"乐山"这个地名一直沿用至今。"至乐山"在今乐山高新区车子镇金灯村。

民国2年（1913），废嘉定府。随后四川军阀割据，形成军阀防区制。1935年，四川政务统一，实行行政督察专员制，乐山成为四川第五行政督察区，设行政督察专员公署。

新中国成立后，1950年1月12日成立乐山专区，隶属川南行政区，管辖乐山、犍为、峨眉、峨边、马边、沐川、雷波、屏山、井研9个县。1951年10月，建立县级五通桥市。

1952年，恢复四川省建制，乐山专区改属四川省。

1953年3月2日，中央人民政府政务院批准撤销眉山专区，所辖夹江、青神、眉山、丹棱、洪雅、彭山6县划归乐山专区。

1955年10月，马边、峨边两县划属凉山彝族自治州，由乐山专区代管（1984年成立自治县后正式划属乐山地区）。1956年，雷波县划属凉山彝族自治州。1957年2月，屏山县划归宜宾专区。1958年10月，仁寿县由内江专区划属乐山专区。

1968年3月，建立乐山地区革命委员会，乐山专区改为乐山地区革命委员会。1978年4月，建立乐山地区行政公署，设立县级金口河工农示范区（1979年改为金口河工农区）。

1979年11月16日，经国务院批准，撤销乐山县建制，设立乐山市（县级），归乐山地区领导。

1985年5月23日，撤销乐山地区，建立地级市，实行市管县体制，设市中区、五通桥区、沙湾区、金口河区，辖仁寿、眉山、犍为、井研、峨眉、夹江、洪雅、眉山、沐川、青神、丹棱县和峨边彝族自治县、马边彝族自治县。1986年8月31日，市一届人大常委会第八次会议决定，1985年5月23日为乐山市建市日。

1988年9月，撤销峨眉县，改设县级峨眉山市（省辖县级市），由乐山市代管。

1997年6月23日，经国务院批准，调整乐山行政区划，保留地级乐山市，划出眉山县、仁寿县、彭山县、洪雅县、丹棱县、青神县，设置眉山地区（现为眉山市）。调整后的乐山市设市中区、五通桥区、沙湾区、金口河区4个县级区，管辖犍为县、井研县、夹江县、沐川县和峨边彝族自治县、马边彝族自治县，代管省辖县级市峨眉山市，辖11个县（区、市），幅员12723平方千米，到2018年底，户籍人口350.68万人。

◎ 大事要事

李冰治水乐山

公元前277年至前238年，秦昭王派李冰担任四川地方官。李冰为了消除四川盆地的水患，大规模地整治岷江河道，他在治理都江堰之后南下乐山，着手治理乐山三江汇流处的洪涝灾害。

据《史记·河渠书》记载："在蜀，蜀守冰凿离堆，避沫水之害。"这里所说的沫水，也就是大渡河。大渡河在乐山城西草鞋渡同青衣江汇合，水量巨大，尤其是洪水季节，大渡河直冲岷江河道，河流因此变得更加湍急，河中的船只瞬间就会被巨浪吞没，老百姓深受其害。

李冰勘察后，组织人工凿开乌尤山与凌云山，在两山之间凿出一个大壕沟，大渡河水直冲过来时，从壕沟中直接通过，有效地疏导了湍急的水流。这项乐山历史上最早的大型水利工程根治了此处水患，奠定了古代乐山成为巴蜀水运重要交通枢纽的基础。

佛教文化发展

佛教是最早传入中国的一种宗教，距今已有两千多年。东汉时期，乐山在与西域各国进行经济文化交流时，佛教也随之传到了乐山。

经过汉晋南北朝的发展，乐山佛教文化在隋唐时期进入了大发展时期，乐山大佛、凌云寺、正觉寺（即乌尤寺）在这个时期修建。此后，龙泓寺、西林寺、能仁院、古佛寺等寺庙先后围绕乐山城而建，乐山城区逐渐成了乐山地区佛教文化中心。在乐山周边，还有平羌三峡大佛、夹江千佛岩、五通桥麻王洞等唐代佛教石刻。

宋代，乐山佛教文化达到鼎盛，寺庙众多，香火兴旺。宋太祖专门派人上峨眉山，赐黄金3000两造普贤铜像，峨眉山正式成为普贤道场。明代，峨眉山寺庙达80座之多，常驻僧人1700人。明末清初，由于战乱，峨眉山上的寺庙大多被毁，乐山的凌云寺、乌尤寺也受到很大的损毁。清代，乐山、峨眉山许多被毁坏的庙宇得以重修。清晚期，乐山佛教得到了较大发展。

道教文化发展

东汉时，峨眉山和乐山已出现道教活动场所，之后很长一段时间，乐山的道教和佛教一直并存。

唐代，乐山道教的活动区域主要在乐山城区和峨眉山。峨眉山是道家著名的洞天福地，被称为"第七洞天"。唐开元十四年（726），唐玄宗征召峨眉山道士王仙卿与国内其他名山道士到长安集会。

宋代，乐山城内高标山（今老霄顶）上，建有神霄玉清宫，城外建有延祥观、八仙洞等。峨眉山上建有峨眉观、飞来殿。这期间，峨眉山的道士逐渐向二峨山（今峨眉山市绥山镇）、三峨山（今沙湾美女峰）方向转移。在二峨山，分别修建了葛仙祠、黄花庙、玉皇观等道观。

明代，乐山道教有了较大发展，四川信奉道教的官员招来道士，在二峨山纯阳殿驻守，二峨山成了乐山道教的主要活动场所，先后建成了监眺楼、玉皇殿等10多座道观。

清代，乐山城区内道教日渐衰落，但绥山（二峨山）道教活动依旧很活跃。清代道教人物中，乐山道士李涵虚创立大江西派，成为道教内丹修炼的主要流派。

开凿乐山大佛

由于乐山境内三江交汇，船行至凌云山脚时，往往会因为山脚下水旋涡形成不规则的水流而翻船。

唐代开元初年，著名僧人海通禅师在经过多方考察后，决定在乐山东岸的凌云山中部临水山体上，开凿佛像。一是传播佛教信仰，二是通过开凿佛像时挖掘的巨大石块，回填山下水底被大渡河水冲击后的空洞，减少水流旋涡，保障行船安全。海通禅师通过化缘积累了资金，713年，正式动工修建乐山大佛。17年后，乐山大佛弥勒造像的头部轮廓已初现，海通禅师却不幸去世，工程被迫中断。

9年后，剑南西川节度使章仇兼琼以地方长官的身份接手主持大佛造像工程，他上书朝廷请求拨款，唐玄宗准许动用国家税赋修建。章仇兼琼还自己拿出俸钱二十万缗，资助工程建设，工程进展十分顺利。746年，章仇兼琼升任户部尚书、殿中监离开乐山，大佛建造工程又一次停了下来。

半个世纪后，唐德宗下令各地修复寺庙。当时担任剑南西川节度使的韦皋重新启动了大佛建造工程。除了朝廷拨款外，韦皋也拿出了自己的俸钱五十万缗资助工程。在韦皋的鼎力主持下，803年，乐山大佛弥勒造像以及保护大佛的大像龛终于一同完工，前后共经历90年。大佛完工时，韦皋亲笔撰写了《嘉州凌云寺大弥勒石像记》，记叙了大佛断断续续90年开凿的始末。

犍乐盐场的兴盛

清代四川盐业十分兴盛，如遂宁、自贡、内江地区都是井盐生产重要地区。但乐山地区的盐业却后来居上，成为当时四川最著名的产盐地之一。当时，乐山最大的盐场是犍乐盐场。

犍乐盐场前身是明朝的永通厂，分为"犍为盐场"和"乐山盐场"。到清代中期，犍为盐场一跃而成为全川五大盐井之首，成为四川盐业的中心，从乾隆九年（1744）开始，清政府准许犍为的食盐外销，犍为盐场所生产的盐向南转销云南各地，称"滇盐口岸"；向西分销西康各地，称"雅盐口岸"。此外，还有运销成都的"府岸"，运销新津的"南岸"，运销纳溪的"纳岸"，运销永宁的"永岸"。可以说，当时四川、云南很多地方用的都是犍为盐场的盐。

乐山盐场的中心在五通桥牛华溪红岩子，规模比犍为盐场小，但也是川内井盐重要产区，每年为朝廷缴纳税银5万余两。

新中国成立后，犍乐盐场统归盐务局管理，一度更名为乐山化工厂，20世纪50年代末，更名为四川省五通桥盐厂。70年代，盐厂得以继续发展，并逐渐扩大规模，成为全国最大的井矿盐生产企业。1988年，川盐化完成股份制改造，成立了四川峨眉山盐化工业（集团）股份有限公司。1993年川盐化在深圳证券交易所上市，是西南地区第一个在深圳上市的公司。

辛亥革命嘉定起义

1905年，由孙中山领导的中国同盟会在日本成立。之后，四川多地相继成立同盟会支部，革命党人在嘉定府（今乐山）开展反清革命活动。

1910年1月22日，泸州泸县人佘英、乐山井研人熊克武共同策划领导嘉定起义，计划攻取嘉定城后，再攻夺屏山县。2月，起义军袭击乐山县童家、白马、土主、板桥等乡镇，夺取清兵团练局步枪100多支，子弹上万发，炮船8艘。起义军转头进攻嘉定城（乐山城），由于计划泄漏，失去时机，向南撤到屏山县。

2月14日，起义军途经沐川县宋家村时，被三支清军合围，死伤

200多人。此后一年内，起义将领程德藩、佘英、杨世尊等先后被清军逮捕处死，轰轰烈烈的"嘉定起义"失败。

故宫文物南迁乐山

1933年，国民政府根据当时日军侵华的形势，决定将北京故宫文物南迁到南京。1937年"七七事变"后，全面抗战爆发，北平和天津沦陷，危及南京，国民政府紧急命令将存放在南京朝天宫的所有故宫珍贵文物分三批西迁。其中，第二批7287箱文物迁往乐山峨眉县（今峨眉山市），第三批9331箱文物迁往乐山县安谷乡（今乐山市市中区安谷镇）。

迁往安谷保存的文物是数量最大的一批。从1939年7月10日到9月18日，历时两个多月分27批转运到乐山县安谷乡，分别存放在6座宗祠和古寺中，并在安谷成立故宫博物院乐山办事处，招聘十几名乡民协助文物管理和保护，每库固定专人保管，外人一概不许入内，国民政府还抽调兵力保卫文物。文物存放安谷期间，画家齐白石、丰子恺等不少学者名流前来参观。

1939年6月，第二批文物转移到峨眉后，存放在武庙和大佛寺，并成立故宫博物院峨眉办事处。1939年8月和1941年8月乐山两次遭受日军轰炸后，办事处考虑到峨眉大佛寺目标太大，有被炸的风险，于1942年春将文物转移到峨眉城南4千米的许氏宗祠和土主庙。

在乐山安谷和峨眉县的两批文物存放达7年之久，没有损坏丢失一件，于1946年运到重庆。现今安谷镇建有故宫文物南迁史料陈列馆。

武汉大学西迁乐山

1938年年初，抗日战争进入最艰苦时期，中部城市武汉岌岌可危，武汉大学西迁乐山。

到乐山后，武汉大学校本部及文、法学院设在乐山文庙，各学院以及图书馆、印刷所、实验室、食堂、礼堂等附属设施设在文庙和乐山城区的其他寺庙或祠堂。1938年4月29日，武汉大学在乐山正式开课，学生总数为341人。由于乐山地处大后方，受战乱影响较小，丰厚的薪金、安定的环境和完备的教学科研设备，吸引了许多知名学者前来执教，如朱光潜、叶圣陶等都前来应聘，到1942年时，武汉大学共有知名教授114名，成为当时全国排名前四的名校。在乐山办学的8年里，武汉大学以"明诚弘毅"为校训，培养出了一大批学子，其中有12人后来成为新中国的两院院士。

在乐山办学期间，武汉大学倡导"以学术救国"，特别强调战争与困难时期的人格教育，郭沫若、冯玉祥到乐山都对学生进行了抗日爱国演讲。武汉大学师生还积极参与捐助救济难童、对民众提供法律援助等各类社会活动，参与乐西公路的修建研究工作。

1946年，抗战胜利，武汉大学返回武汉市原址。现乐山师范学院建有武汉大学乐山纪念堂。

修筑抗战动脉乐西公路

乐西公路起于今乐山市市中区王浩儿，止于今西昌邛海湖畔的缸窑，全长525千米，是20多万民工在抗日战争期间修建过程最为艰苦的一条公路，被称为"血肉筑成的长路"。

1938年8月，国际通道滇缅公路全线通车，但进入四川，特别是战时陪都重庆的物资要绕道贵州。因此，修建乐西公路有两个重大意义，一方面，可作为四川通往缅甸国际公路的直达通道；另一方面，如重庆失守，国民政府将迁都西昌。国民政府下令，必须在1940年内完工，否则以贻误军机论处。1939年8月，当时的国民政府成立工程处，正式开始修建乐西公路。

修筑乐西公路，先后征调了乐山、西昌等36个县的20多万民工。乐西公路需跨越蓑衣岭与菩萨岗，正是诸葛亮当年"七擒孟获"时经历的"不毛之地",还要经过水势汹涌的大渡河,沿途多雨多雾、高寒缺氧,没有村寨,粮草常断。公路以翻越金口河大瓦山北侧海拔2800米大瓦山蓑衣岭一段最为艰险,该岭是当时川康两省的界山,号称"咽喉要道",终年云雾弥漫,雨水不停,行人翻越,必备蓑衣、斗笠等雨具,所以叫蓑衣岭。2万多民工在此日夜苦战,花了3个多月才劈出路基。其间因疾病、伤残等各种原因死伤民工3000多人。

1941年1月,乐西公路尚未铺筑路面,匆忙宣告通车,其后继续铺筑路面,直到年底才完工。

天津永利塘沽碱厂内迁

天津永利塘沽碱厂是由著名爱国实业家、被毛泽东誉为中国近代四大工业先驱之一的范旭东先生和著名科学家、"侯氏制碱法"发明者侯德榜博士于1917年所创。

1937年"七七事变"后,天津塘沽遭日军劫占。范旭东先生断然拒绝与日寇合作,并拆毁设备和厂房,带走所有图纸和资料,率领著名化学家、留美博士侯德榜等技术人员辗转南下,在五通桥重建化工基地,并将川厂取名"新塘沽"。厂区建设采用了当时许多先进工艺,特别是机械厂厂房顶梁跨度达到221.4米,当时号称"亚洲第一跨"厂房。经过6年建设,永利川厂全部建成,纯碱厂、机械厂、发电厂、玻璃厂、耐火材料厂、深井工程处等十几个车间陆续投入生产。此外,厂区周边还陆续建起了公馆楼、一字楼、十字楼、工字楼等职工宿舍和职工医院、学校等附属设施,被后人誉为"化工城堡"。

侯德榜博士不断改进制碱工艺,寻找利用率更高的制碱新方法。经过500多次循环试验,2000多个样品的科学分析后,最终发明了制碱新工艺,被称为"侯氏制碱法",为中华民族在国际学术界赢得了荣誉,更在世界制碱技术史上树起了一座丰碑。

大规模"三线建设"

"三线建设"是1964年党中央确立的以战备为核心的国家重大战略，在中国社会主义建设史上写下了光辉篇章。

乐山是"三线建设"重点地区之一，自1964年9月开始，国家多个部委到乐山选点建厂，到20世纪70年代中期，全国有200多个厂矿、科研、设计单位的干部、工程技术、施工人员3万多人进入乐山，先后建成峨眉半导体材料厂、峨眉铁合金厂、乐山冶金机械轧辊厂、眉山通信设备厂、龚嘴水电站、东风电机厂、峨眉水泥厂、乐山造纸厂、长征制药厂、夹江水工机械厂、东风木材加工厂、西南物理研究所、核动力研究设计院、西南交通大学等20多个大中型厂矿企业和科研单位，完成基建投资35亿多元，涵盖工业原材料、能源、电子通信、机械制造、专业机电制造等工业门类。

大批三线企业和科研院所的建成，使乐山逐步形成了一个较大规模的新型工业区，夹江、峨眉、五通桥、沙湾、金口河等地成为新兴的工业城镇，同时大大促进了乐山地方"五小"（小煤窑、小钢铁、小机械、小水泥、小水电）工业的迅猛发展，形成了一定规模的钢、铁合金、合成氨、氮肥等生产能力，推动乐山地区搭建起工业经济骨架，形成地方经济的支柱；大批科技人才集聚乐山，形成人才优势，直接带动了乐山地区的基础设施建设，带动了地区配套工业和农产品加工业等的发展，带动了工业城镇及地区消费品市场发展。

时至今日，"三线建设"项目仍为乐山经济社会发展发挥着重要作用。

乐山大开放

1979年，国务院批准乐山为对外开放城市，四川省政府也批准峨眉山对外开放。乐山坚持"以开明促开放，开放促开发，开发促发展"

的方针，实行外经、外贸、外资、外事、国际旅游等多种形式，形成全方位、多层次的对外开放格局。

1981年10月，原县级城市乐山市与日本国千叶县市川市签订缔结友好城市协议书，市川市成为四川省第一个国外友好城市。

此后，乐山不断加强地区、部门之间的友好交流，企业之间的横向合作，1987年至1991年连续举办五届盛况空前的"乐山国际龙舟经济交易会"，以后又相继举办了"1994中国文物古迹游乐山国际旅游大佛节"和"1997乐山国际旅游大佛节"，实现了文化与经济的有机结合。同时，通过加强对外宣传，积极招商引资，大力发展"三资"企业。特别是在1992年邓小平南方谈话精神指引下，引进外资取得突破，仅当年就兴办"三资"企业55家，总数达到66家，注册资本、协议外资均比1991年以前的总和增长5倍以上。

1994年至1999年连续七年每年引进外资达1亿美元，成为全省除成都市以外引进外资最多的地区。特别是1997年至1999年，克服了亚洲金融危机和国际市场疲软的重重困难，连续三年出口创汇1亿美元以上。乐山—菲尼克斯等一批科技含量高、市场前景好、经营效益佳的外资骨干企业成为当时全市经济新的增长点和出口创汇的主力军。

到2016年，乐山已与109个国家和地区建立了友好交往及经贸往来。

邓小平视察峨眉山

1980年7月5日，时任中共中央副主席、中央军委副主席邓小平同志在当时的中共四川省委第一书记谭启龙的陪同下，到峨眉山视察。邓小平同志视察了龙洞村，与四川林业学院的实习生亲切交谈，勉励他们要不怕艰苦扎根山区做好林业科学研究。在双水井，邓小平听取了峨眉山规划实施情况的简要汇报，指示风景区造林要注意色彩完美，要四季常绿，要注重经济效益。

7月6日，邓小平先后视察了万年寺、清音阁等景点，当他了解到峨眉山拥有丰富的植物资源时，指示要好好保护，合理开发，造福子子孙孙。他还与游客和当地群众进行亲切交谈，关心他们的生产生活。在五显岗车站前，邓小平对陪同人员说："峨眉山是一个文化型的风景区，是一座宝库，要好好保护，要作好规划，要合理开发，综合开发，要加强管理，办事情要有登山不止的精神"。

邓小平同志视察峨眉山为推动峨眉山旅游业发展指明了方向，推动了峨眉山旅游业的快速发展。

《神秘的大佛》上映

1981年1月，电影《神秘的大佛》上映，该片由张华勋导演，北京电影制片厂摄制，刘晓庆、张顺胜、葛存壮等主演。影片讲述了中华人民共和国成立前夕发生在乐山一场寻找佛财的惊险故事。武打设计很有特色，为以后的国产同类影片提供了积极的、有益的经验。

该片一上映便在国内引起极大轰动，观众争先恐后观看《神秘的大佛》，影片的惊险和悬疑深深地打动了全国观众，产生了极大的影响。

这部影片展示了峨眉山的美丽风光和乐山大佛的雄伟壮丽，很多观众在观看这部影片后，对大佛及乐山产生了浓厚的兴趣，极大地提高了乐山的知名度，推动了乐山旅游业发展。

中国环流器一号建成

1984年9月21日，我国最大的一座大型受控热核聚变研究试验装置——"中国环流器一号"（HL-1），在位于乐山市市中区肖坝的核工业部西南物理研究院建成并顺利运行。它的成功研制和运行，使我国受控核聚变研究由理论跟踪步入了大规模物理实验阶段，跨入了国际受控核聚变俱乐部，为我国在受控热核聚变科研领域的装置建造和实验手段打下了良好基础，是我国核能开发史上的重要里程碑。该项目荣获1987年国家科技进步一等奖。

1991年4月21日，时任中共中央总书记、中央军委主席江泽民到核工业西南物理研究院视察"中国环流器一号"，欣然题词："开发核聚变能源，造福子孙后代。"

1995年5月9日，核工业西南物理研究院建成的"中国环流器新一号装置"（HL-1M）在乐山通过专家组鉴定验收。"新一号装置"的建成，标志着我国在受控核聚变科研领域的装置建制达到国际同类先进水平。

股份制改革

1987年，中共乐山市委、市政府决定，从集体企业开始进行股份制试点。当年7月，市政府发出《关于城乡集体企业试行股份制经营责任制的意见》，并首先在乐山市竹根机械厂等5家集体企业进行股份制试点。

1988年3月8日，组建成立了全国水电系统首家股份制企业——乐山地方电力股份有限公司。同年4月7日，国家轻工部和省计经委批准成立四川峨眉山盐化工业（集团）股份有限公司。到年底，陆续组建了四川峨眉铁合金（集团）股份有限公司、四川金顶（集团）股份有限公司等12家公开向社会招股的公众公司和内部集资合股的股份合作制企业。

1993年3月12日，川盐化股票在深圳交易所上市交易，成为西南首家、全国第三家异地上市的公司。随后，乐电、峨铁、金顶3家公司股票也在上海证券交易所挂牌上市，乐山成为当时国内除深圳、上海两市以外上市公司最多的城市。到1993年6月国务院宣布停止审批定向募集公司前，全市共有上市公司4家，公众公司1家，定向募集股份有限公司27家。

成功申报世界遗产

1994年，经中共乐山市委、市政府研究，峨眉山和乐山大佛联合申报世界文化与自然遗产名录。经过近两年认真、细致、全面的创建工作，1995年9月，经国家有关部门批准，峨眉山——乐山大佛被列为我国第五批向联合国教科文组织推荐申报世界文化与自然遗产的重点单位。

1996年5月，联合国教科文组织专家组对峨眉山—乐山大佛申报世界文化与自然遗产工作进行了实地全面考察评估，对峨眉山、乐山大佛的文化与自然方面的价值以及管理保护水平给予了充分肯定。12月6日，联合国教科文组织世界遗产委员会第二十届全委会全票通过将峨眉山—乐山大佛列入世界文化与自然遗产名录。

列入该名录，标志着"峨眉山—乐山大佛"的文化与自然方面的价值得到世界的认可，并纳入全世界的保护范围，成为国际保护对象，乐山从此拥有了世界级的旅游品牌，进一步推动了乐山的旅游业和第三产业的发展。

2014年9月，夹江东风堰水利灌溉工程被授牌列入首批世界灌溉工程遗产名录，成为当时四川省唯一一家世界灌溉工程遗产。

行政区划调整

1985年乐山地区撤地建市后，全市城市化率低，城市人口少，尤其是只有20多万人口的中心城市聚集功能、带动功能和辐射功能明显不足。为此，乐山市委领导多次研究乐山、眉山区划调整问题，并向省里请示衔接。

1996年，四川省人民政府先后向国务院提交了《关于调整乐山市行政区划的请示》和《关于调整乐山市行政区划设置眉山地区的请示》。1997年5月30日，国务院正式批复，同意对乐山市行政区划做出调整，设立眉山地区，管辖从原乐山市划出的眉山、仁寿、彭山、洪雅、丹棱、青神6个县，辖区7186平方千米，人口331万人。1997年7月31日，省委决定成立中国共产党眉山地区委员会。8月7日，中共眉山地委召开会议，通报省政府对乐山、眉山区划调整的意见，明确地委、行署领导班子成员分工。8月26日，中共眉山地区委员会、四川省眉山地区人大工作委员会、四川省眉山地区行政公署、政协四川省眉山地区工作委员会四大机构正式挂牌成立，标志着乐山行政区划调整工作全面完成。

调整后的乐山市辖市中、五通桥、沙湾、金口河4个区和夹江、犍为、沐川、井研、马边、峨边6个县（市、区、自治县），代管峨眉山市（县级），辖区面积12826平方千米，人口343.35万人。

建设"中国西部瓷都"

20世纪90年代中后期开始，夹江建陶业蓬勃兴起，成为当时中国西部地区少数大量吸纳外来劳动力就业的县份。

夹江县建筑瓷厂是夹江创办的第一家建筑陶瓷企业，于1988年年初建成投产，为夹江后来的陶瓷产业大发展打下了人才和生产经验的基础。1992—1994年，夹江陶瓷业进入快速发展阶段，逐步形成了四川陶瓷基地县。1994—2000年，是夹江建陶业的巩固、提高、壮大期。2000年后，夹江建陶业向高端、大型、现代化的方向挺进。2001年，全国知名大型陶瓷企业"新中源""奥斯堡"先后到夹江建分厂，本地陶瓷企业新万兴、米兰诺、建辉、威尼等也逐渐发展壮大。

2004年9月，中国建筑材料工业协会和中国建筑卫生陶瓷协会联合授予夹江"中国西部瓷都"荣誉称号。2006年，夹江陶瓷业被四川省委、省政府纳入"十一五"重点发展的20个百亿产业集群之一重点发展。

2016年，夹江县年产瓷砖5亿平方米，占全国的8%、四川省的80%以上。

峨眉山建成"十方普贤"金像

金顶，位于海拔3077米的峨眉山主峰上。2003年，四川省和乐山市两级党委政府做出了建设以峨眉山为核心的"中国第一山"国际旅游区的宏大规划，恢复重建华藏寺及塑造十方普贤金像工程被列为核心工程。工程历时三年，耗资1.3亿元，完成华藏寺重建、卧云庵整修、建造十方普贤金像，修建朝拜大道、观景平台，拆迁了金顶上原有的建筑气象站、电视转播台、云海饭店等。金像所在位置海拔高度为3060米，加上佛像高度为3108米，是世界上最大、最高的普贤金像。全新金顶横空出世，再现历史辉煌，景观和文化品位全面提升，展现出"云上金顶、天下峨眉"的独特魅力。2006年6月18日，金顶华藏寺恢复落成暨十方普贤金像开光，吸引了来自海内外佛教界高僧大德、香客居士，各界朋友、国际友人，近百家旅行社和90余家新闻媒体3000余人，云集盛会。

国家高新区建设

1992年7月24日，"四川省乐山经济开发区"成立，与市中区通江镇实行区、镇合一体制，两块牌子一套机构。1992年12月13日，市委、市政府发出《关于完善乐山经济开发区管理体制的决定》，提出成立乐山经济开发区管理委员会，负责基础设施建设和招商、引资、开发工作。1996年1月，乐山经济开发区经省人民政府批准更名为乐山高新技术产业开发区。2001年7月，大渡河大桥南岸市中区车子镇、安谷镇的8个村总共约6.4平方千米的区域划为乐山高新技术产业开发区，高新区迎来第二次创业。高新区积极探索"一区三园"发展模式，综合实力快速增长。坚持"特色立区"，把握机遇，光伏新能源、电子信息、现代机电三大主导产业集聚发展的态势更加突出。同时依托区域特色资源，提前谋划物联网和民用非动力核技术等战略性新兴产业。2009年，三大主导产业实现产值145.96亿元，占到高新区总产值的62.1%。2012年8月28日，国务院正式批复乐山高新技术产业开发区升级为国家高新技术产业开发区。

第二节
物华天宝——区域概述

乐山古称"嘉州"或嘉定，取"郡土嘉美"之意。千百年来，一代代乐山人在这片肥沃富饶的土地上繁衍生息，追求美好幸福的生活。

◎ 区域环境

乐山位于四川盆地西南部,北与眉山接壤,东与自贡、宜宾毗邻,南与凉山相接,西与雅安连界,行政区划面积12723平方千米。地形以山地为主,约占66.5%,平原和丘陵分别占12.5%、21%。

乐山市整个地势呈倾斜状,西南高,东北低,高低悬殊。境内最高点为峨边彝族自治县的马鞍山主峰,海拔4288米,最低点为犍为县境内,海拔300米,高低相差3988米。地域内地质构造复杂,地质构造活动强烈,造就了特有的山川地貌,形成了以西南部马边、峨边、金口河山峰林立的高山峡谷地形和北部海拔700米以下的构造剥蚀地形。山脉多呈南北走向,主要有大相岭、峨眉山、五指山、大凉山、小凉山等。

乐山的平原地区主要集中在岷江两岸,其次为青衣江两岸的夹江平坝、峨眉平坝及大渡河沿岸的乐山平坝。浅丘地形穿插在这些冲积平原之间,与冲积平坝衔接而无明显分界线。

丘陵主要分布在东南部,多为缓慢上升、长期剥蚀的棕紫土地区,多数海拔在350～700米。东北部的井研以低中丘宽谷地形为主;东南部的犍为、沐川以深、中丘谷地形为主;西北部的夹江则以低谷为主。

◎ 自然资源

乐山市属亚热带湿润季风气候,四季分明,无霜期长,气候温和,境内植物种类繁多,达3600余种。特别是峨眉山市,植物种类丰富,仅以"峨眉"两个字命名的植物就达100种以上。乐山不仅观赏植物资源丰富,具有药用价值的植物资源也很丰富,仅峨眉山,药用植物就有1645种,约占全省药用植物总数的51%,是四川省重要的中药材基地之一。

乐山野生动物种类繁多，境内有各种野生动物2300余种，其中属于珍稀动物210种，已列入国家一级保护的野生动物12种，二级保护的野生动物57种，省级重点保护动物19种。乐山特有珍贵野生动物有峨眉髭蟾、长吻鮠（俗称"娃娃鱼"）、东坡墨鱼、枯叶蝶等。20世纪40年代，乐山境内马边城东的莲花山有人发现了大熊猫。新中国成立初，四川大学生物系学生在峨眉山采集到了大熊猫标本。1975年，在峨边勒乌、斯合相继发现大熊猫咬死羊群。1992年，峨眉山市斗量村发现大熊猫，在国内外引起轰动。2013年，在沐川县舟坝镇夏寨村首次发现了大熊猫活体。

乐山市现已发现各类矿藏36种，探明储量34种，以非金属矿磷、煤等为主。乐山矿泉水资源丰富，多为含偏硅酸优质饮用矿泉水，年开采298万立方米。全市水能资源理论蕴藏量为985.2万千瓦，可开发量833.9万千瓦。乐山地热温泉资源丰富，主要集中在峨眉山、峨边等地。

◎ 城市发展

乐山地处三江汇流之地，因水路运输优势，自古就是川西南交通的要道。新中国成立以后，特别是改革开放以来，乐山交通经过多年的建设，逐步形成了以铁路、高速公路、普通国省干线公路为主骨架，以岷江大件航道为重要补充，辐射城乡、连接周边、四通八达的综合交通次枢纽，成为成都经济区重要的枢纽城市和成渝经济区的重要交通节点、港口城市。近年来，乐山大力实施攻坚大会战，境内交通条件持续改善。建成成乐、乐宜、乐雅、乐自、仁沐新仁井试验段5条高速公路，境内里程258千米。全市有7条普通国、省公路，境内里程约723千米，有专用公路492千米，有农村公路里程10568千米，全面实现乡乡通油路（水泥路）、村村通公路。

全市建成铁路总里程248.8千米。成昆铁路贯穿全境，其中市内里程161千米，设有17个站点。成（都）绵（阳）乐（山）城际客专2014年通车，乐山驶入"高铁时代"，成为成都的"后花园"。在水运方面，通航总里程516.25千米，其中等级航道293千米，客（渡）船共有9187客座。

目前，乐山市正在对成乐高速进行扩容改造。仁沐新高速（井沐马段）、峨汉高速、乐山高速、成贵铁路、成昆铁路复线峨米段、连乐铁路等重大交通项目正抓紧推进中。岷江港航电犍为枢纽、龙溪口枢纽正加快推进。省道103线青神至五通桥段公路、省段215线大桥过境公路、省段308线改造工程、乐夹大道等地方干线公路正加速建设。

乐山中心城区位于岷江、青衣江、大渡河三江交汇处，横跨成渝经济区成绵乐发展带和沿长江发展带，是成渝城市群规划建设的成都平原区域中心城市、四川重要的交通枢纽城市。中心城区建成面积75平方千米、人口70余万人。中心城区与乐山大佛隔江相望，10.77平方千米的绿心居于城市之中，被联合国教科文组织誉为"森林在城市里，城市在山水中"，是中国优秀旅游城市、国家历史文化名城、国家园林城市、国家全域旅游示范区创建市、国家服务业综合改革试点市，每年接待4000余万中外游客。

近年来，乐山坚持以"绿色打底、山河为骨、文化为魂"的理念，积极保护城市自然生态格局，大力推进海绵城市示范项目，不断深化智慧城市建设，强力推进新型城镇化建设，全市城镇建成区面积221平方千米、城镇化率48.7%，30个乡镇、250个村分别创建为全省环境优美示范乡镇和示范村。城市交通、供排水、供电、供气等基础设施不断完善，中心城区城市污水处理厂日处理能力达12万立方米，城市污水处理率达到90.96%，生活垃圾无害化处理率达到100%，人均公园绿地面积达到8.45平方米。按照景城一体的思路，将独特的自然景观和历史文化融入城市风貌设计中，加大对历史文化遗址的保护修复力度，全力保护峨眉山、乐山大佛、东风堰等世界遗产的完整性和原真性，推进故宫文物南迁遗址公园、历史文化街区等一批项目，分类分层分步推进小城镇特色化发展。全市拥有国家级重点镇17个、省级试点镇30个。犍为县清溪镇被列为中国历史文化名镇，犍为县罗城镇与峨眉山市罗目镇被列为四川省历史文化名镇。犍为县罗城镇莱佳村、芭沟镇芭蕉沟社区、铁炉乡铁炉社区，井研县千佛镇民建村，五通桥区竹根镇兴隆里村列入"中国传统村落"名录。峨眉山市罗目镇青龙社区、夹江县华头镇正街村拟列入"中国传统村落"。峨边底底古村等9个村被命名为"中国少数民族特色村寨"。

◎ 生态建设

乐山市围绕"五位一体"总体布局，大力推进生态文明建设和环境保护工作。"十二五"以来，全市单位GDP能耗累计下降27.54%，单位工业增加值能耗累计下降39.57%。目前，全市建成省级环境保护模范城市2个、省级生态县（市、区）6个；沐川、峨边、马边等3个县为国家重点生态功能区。拥有国家级生态乡镇12个、省级生态乡镇75个，市级生态村787个；拥有国家级自然保护区2处、国家湿地公园各2处，森林公园3处，国家级地质公园、矿山公园各1处。境内江河水域、湿地面积增至近1000平方千米。

近年来乐山正全力打造"四川旅游首选地、绿色转型示范市、山水园林宜居城、总部经济聚集区"，奋力建设世界重要旅游目的地和成都平原城市群区域中心城市。优化国土空间分类管控布局，坚决守住城市开发、基本农田保护、生态保护"三条红线"，永久基本农田面积保持在29万亩以上，生态保护红线面积占国土面积的19.11%。对重点开发区、限制开发区和禁止开发区，实施差别化分类管控政策，依托"山水骨架"及产业发展方向，建设文旅产业发展带、新型工业发展带、现代农业发展带和生态涵养带。筑牢绿色生态屏障，开展"绿秀嘉州"

行动，实施森林、湿地、生物多样性修复"三大行动"，打造"一湖五湿地""三江六岸"景观带、城市森林景观带，沐川县、峨边彝族自治县、马边彝族自治县跻身国家重点生态功能区。大力培育绿色产业，全市建成有机农产品基地17万亩，绿色有机畜产品生产基地10个，休闲农业观光景点33处，森林康养基地6个。

重拳整治突出环境问题。全面打响污染防治攻坚战，突出抓好大气、水、土壤、固体废弃污染防治"四大战役"，狠抓环保督察整改落实，重拳整治突出环境问题。在全省率先实现小型燃煤炉"清零"，完成大气主要污染物年度减排目标，较好实现了"大气十条"第一阶段任务；构建实现中心城区"一张网、双水源、互备用"安全供水格局，劣V类水质全面消除，县级以上城市集中式饮用水水源地水质达标率保持100%；积极开展农用地土壤状况详查和重点行业企业用地调查基础信息采集工作，启动土壤污染治理与修复试点示范工作，实施城市垃圾焚烧环保发电项目，推动固体废物资源化、减量化、无害化利用，全市工业固体废物综合利用率达到80.05%，城市垃圾无害化处理率保持在95%以上，土壤环境质量保持相对稳定；声环境质量和辐射环境质量总体良好。在媒体开设"环保曝光台"，以"双水源、互备用"的理念整治饮用水水源等创新做法，受到生态环境部充分肯定。

第三节
百业兴旺——社会发展

乐山地处三江汇流之地，自古就是川西南交通的要道。良好的区位、便捷的交通、丰富的资源，使乐山成为四川的重要经济区之一，史书称"山川秀发，商贾喧阗"。今天的乐山，百业兴旺。

◎ 发展综述

乐山是四川开发较早的地区之一。秦灭蜀后，蜀守张若"移秦民万家以实蜀中"，在青衣江流域安置了一大批秦民，带来中原农耕、冶铁、挖井等生产技术和文化。西汉时期，乐山开始出现冶铁、制盐行业，当时犍为和五通桥一带是四川井盐的重要生产基地之一。

唐宋时代，乐山修筑了一批水利工程，水稻成为重要的粮食作物。同时，纺织、造纸、印刷、制茶、陶器生产等工艺水平较高的手工业发展起来，嘉定丝绸销往川内各地。

明清时代，蚕桑产业逐步发展成为乐山的重点产业。明末清初，因战乱，从湖南、湖北、广西、广东和江西一带大批移民迁入乐山，乐山人口增多，耕地面积持续扩大，以农副产品加工为主的现代加工业开始兴起，乐山地区的茶叶大量销往雅安、西昌等地。

抗日战争期间，大批企事业单位迁入四川等地，乐山也成为内迁的重点地区之一，逐步成为四川新的工业聚集区。抗战结束后，原内迁企事业单位陆续转移，经济发展开始变缓。

新中国成立之初，经过土地改革运动，完成了对农业、手工业和资本主义工商业的社会主义改造，乐山工农业生产迅速恢复，经济社会得到大力发展，人民生活持续改善。到20世纪60年代，乐山作为三线建设重点区域之一，随着半导体原材料生产、电机等机械制造、核动力研究等大型科研基地项目在乐山布局和实施，逐步形成了以电力、原材料和科研为特点的工业基地。时至今日，大批三线建设期间兴起的企业仍在乐山经济发展中发挥着重要作用。

1978年党的十一届三中全会以后，工作重心逐步转移到以经济建设为中心的轨道。乐山市抢抓机遇，强力推进经济体制改革和对外开放，经济结构随之发生重大变化，国有、集体、私营、合资等多种所有制经济共同发展。经过近40年的奋斗，乐山市经济总量不断增长，经济质量不断提高，区域经济综合实力不断增强，人民生活日益改善。如今，乐山已成为四川粮食、副食品、清洁能源、新材料、冶金建材和盐磷化工生产基地和国家质检总局批准的国家硅材料及副产物产品质量监督检验中心。

2018年，乐山市地区生产总值完成1615.09亿元，全社会固定资产投资完成1134.93亿元，地方一般公共预算收入完成109.92亿元，社会消费品零售总额完成667.27亿元，农村居民人均可支配收入达到15173元，城镇居民人均可支配收入达到33663元。与109个国家和地区建立了友好交往及贸易往来，有对外贸易经营权企业469家，产品出口国家和地区达104个，全年进出口总额11.2亿美元。

◎ 工业经济

乐山工业发展历史悠久，汉、唐、宋、元时期已出现炼铁、冶铜、纺织等生产，明清时期出现采煤、煮盐、造纸等工业雏形。清末民初，工业生产除造纸、制盐外，新增制绸、针织、服装、印刷、制革等。抗日战争时期，内迁企业近20户、新建企业5户。抗战胜利后，内迁企业、单位、人员迁走，加之物价骤涨，工业生产下降衰退，多数企业都处于停产状态。

新中国成立后，于1950年对发展困难较大的盐业、煤矿、纸厂、棉纺、丝绸等企业实行贷粮贷款，大部分企业开始恢复生产和经营。各县先后建立地方国营工业企业20余家，含发电、丝织、印刷、煤、铁、芒硝、茶、酒等行业。1955年后，加快对手工业和私营资本主义工商业的社会主义改造，1956年年底，公私合营全部变为国家资本主义。自此社会主义公有制经济成为社会主义经济主体。60至70年代，国家"三线建设"的重点工程相继在乐山市区域内开始建设，完成基建投资41.10亿余元，建成大中型重点工程23项，形成以电力、工业原料和科研为支撑的工业基地。在此期间，乐山市各地围绕农业发展需要，大力发展农用产品工业，一批小煤窑、小铁厂、小水泥厂、小电厂、小机械厂（简称"五小"企业）地方国营企业先后建立。

"三线建设"为乐山工业发展打下了坚实的基础，改革开放又促进乐山工业的快速进步。乐山工业从"村村点火、户户冒烟"转变为"工业园区"，工业发展形式也从由分散到集中、粗放到集约、单打独斗到成链集群。新时期，乐山开始转型升级的新路径。

2018年，乐山实现全部工业增加值657.38亿元，占全市GDP的40.7%，对经济增长的贡献率为50.7%。规模以上工业企业增加值增长10.4%。规模以上工业产销率98.0%，主营业务收入1407.67亿元，实现利润118.63亿元。

作为四川重要的工业城市，乐山工业门类齐全、产业基础较好，形成了以电子信息、新能源、新材料、现代装备制造和生物医药为代表的新兴产业和以盐磷化工、冶金建材、农产品加工为主的传统优势产业齐头并进发展格局。

传统产业。基本建成在国内具有影响力的西部瓷都、精细盐磷化工循环产业基地、畜牧加工基地、茶产业基地和纺织工装基地。井研县创建为中国工装面料名城，沙湾区、五通桥区创建为全省工业强县示范县（区）。

冶金建材。主要涵盖建筑钢材、不锈钢及制品、铁合金（含工业硅）、建筑陶瓷、稀土等领域，现有220万吨建筑钢材，60万吨不锈钢板坯、160万吨不锈钢热轧、130万吨退火酸洗、33.7万吨冷轧和20万吨制品，80万吨铁合金（含工业硅），2700万吨新型干法水泥（实际年产量2200万吨，占全省的16%），6亿平方米瓷砖年生产能力（夹江"西部瓷都"产能占省内的62%、全国的6.86%，与广东佛山、山东淄博、福建晋江并称为全国四大建陶生产基地）。拥有规模以上企业164户，2018年实现主营业务收入515亿元，占规模以上工业比重为36%。

盐磷化工。主要涵盖制盐、制碱、黄磷、草甘膦等领域，现形成320万吨原盐、120万吨纯碱、120万吨氯化铵、45万吨烧碱、5万吨黄磷、17万吨草甘膦（全球第二、全国第一）、15万吨双甘膦（全国第一）、10万吨PVC年生产能力，真空制盐和联碱产能西部第一。拥有规模以上企业38户，2018年实现主营业务收入156.8亿元，占规模以上工业企业比重为11.1%。

农产品加工。主要涵盖林竹资源综合开发利用、茶叶、畜禽加工、食品饮料、纺织服装等领域，现形成300万头生猪加工、1000万只商品兔深加工、60万吨竹浆纸（占全省三分之一）、6亿米织布、35万锭纺纱、130万吨天然水、15万吨啤酒、10.5万吨茶叶年生产能力。拥有规上企业179户，2018年实现主营业务收入333.38亿元，占规上工业比重23.6%。

新兴产业。全市现有国家级技术研究应用中心1个（东气峨半）、国家级企业技术中心1个、高新技术企业83家（总量居全省第5位）、国家级创新型（试点）企业1家、省级工程技术研究中心11个（总量居全省第3位）、省级工程实验室3个、企业技术中心35个、省级创新型企业66家（总量居全省第4位）。2018年，全市新兴产业（含高端产品）实现主营业务收入472.8亿元，占全市规模以上工业主营业务收入比重达33.6%。

电子信息。主要涵盖电子元器件、光纤、GPP芯片、软件与信息服务（含物联网）等领域，现具备600亿只分立半导体元器件（居全球第四，安士、安森美、达尔分列前三）、1000万芯千米光纤（西南最大）的年生产能力。拥有规模以上企业6户、2018年实现主营业务收入47.8亿元。

新能源。主要涵盖多晶硅及太阳能光伏、清洁燃料等领域，在原有产能2万吨/年的基础上加上新建产能2.5万吨/年。合计产能4.5万吨/年，位列全国第二、全城前三、500MW太阳能电池组件和国内前三的民用核燃料生产能力。拥有规模以上企业9户，2018年实现主营业务收入32.3亿元。

新材料。主要涵盖稀土、碳纤维、有机硅、金属及合金新材料等领域，拥有2.5万吨／年处理精矿和萃取分离能力，居西部第一。新万兴碳纤维1000万平方米碳纤维高性能织物纤维预浸料和500吨复合材料生产能力填补西南空白，拥有规上企业45户，2018年实现主营业务收入217.1亿元。

现代装备制造。主要涵盖发电设备、特种电缆、节能环保装备、农机等领域。尚纬股份是西南地区的特种电缆生产基地，船用电缆、500kV超高压电缆、新能源及海洋工程用特种电缆、核电站用1E级电缆等系列产品在国内同行业中具有较强市场竞争力。拥有规模以上企业24户，2018年实现主营业务收入64.7亿元。

生物医药。主要涵盖化学药、中成药、中药、生物医药等领域，拥有规模以上企业21户，2018年实现主营业务收入99.9亿元占规定工业比重7.1%。长药抗生素系列、通惠抗癌药系列、峨眉山药业胃肠道用药系列、国瑞镇痛药系列、大冢呼吸道用药系列在全国具有较高知名度和市场竞争力；中核高通是全国仅有的放射性药品生产企业；峨眉山药业拥有独立的新产品新技术研发部和专业的手性药物研究院，为全国少有的"缓控释工程技术中心"。

工业园区建设。乐山市现有产业园区（工业集中区）12个，规划面积216.25平方公里。拥有国家级高新区1个（乐山高新区）、省级经开区5个（夹江经济技术开发区）、国家级新型工业化产业示范基地1个（四川沙湾经济开发区）、省级新型工业化产业示范基地1个（五通桥工业集中区）、省级特色产业基地1个（四川犍为经济开发区），省"51025"重点园区4个（乐山高新区、沙湾不锈钢产业园区、五通桥工业集中区、四川峨眉山经济开发区）、百亿园区6个。

经过多年发展，现基本形成五大板块集聚区，即以乐山高新区、乐山市工业集中区、峨眉山工业集中区为代表的电子信息、新能源、现代装备制造、生物医药等新兴产业集聚区；以沙湾不锈钢产业园区、夹江经济技术开发区为代表的冶金建材产业集聚区；以五通盐磷精细化工循环产业园区为代表的盐磷化工产业集聚区；以峨边、马边和金口河工业集中区为代表的电—冶产业集聚区；以市中区土主镇和井研工业集中区为代表的纺织服装集聚区。

2018年，全市工业园区已开发面积59.39平方公里，入园企业1614户（规上工业企业337户），入园企业投资189.9亿元，实现主营业务收入1285亿元，园区产出强度144.3万元/亩；实现税收42.26亿元，亩地均税收4.7万元，工业集中度提高到76%。

◎ 农村经济

乐山境内气候温和，雨量充沛，土地肥沃，适合农作物生长。秦代，中原较为先进的农耕方式传到乐山地区，带动乐山农业生产的进步。唐宋时期，水稻成为重要的粮食作物，乐山、犍为等县开始建立常平仓，储粮备荒。清代实行移民垦荒政策，大批移民迁徙到乐山，乐山地区农村经济得以进一步发展。到民国时期，因战事频繁，农村经济波动大。

新中国成立后，乐山通过土地改革，废除封建土地所有制。把通过没收和征收得来的可以分配的农业土地，分配给无地或者少地的农民耕种，促进农业生产发展。20世纪50年代初，开展农业生产互助合作运动，建立临时互助组或常年互助组，逐步进入初级农业生产合作社。60年代后，乐山大力兴修水利、提倡科学种田，积极推进农业机械化，农业生产力进一步提高。

党的十一届三中全会后，乐山市各地农村大力推行家庭联产承包责任制，充分调动农民生产积极性。改革人民公社体制，实行政社分设。同时，大力发展乡镇工业。进入90年代以后，乐山市提出"农业向规模经营集中、工业向工业园区集中、农民居住向城镇集中"的指导方针，加快了农业现代化、工业园区化、农村城市化进程。同时，大力推行科技兴农，积极增加农业投入，发展规模经营，建立"高产、优质、高效"农业示范区，促进了当地农业增效、农民增收。

党的十八大以来，乐山加快转变农业发展方式，深化农村综合改革、强化农业科技创新，有力地推动了传统农业向现代农业的跨越。扎实推进农村土地承包经营权确权登记颁证工作，农村集体土地所有权、宅基地使用权和集体建设用地使用权确权颁证登记基本完成，集体林权制度改革深化推进。加快推进土地流转，开展小型水利工程管理体制改革试点、井研县农村承包土地经营权抵押贷款、夹江县农村产权抵押融资等一批试点工作，取得积极的成效。一系列的改革，激发了农村"沉睡资产"的活力，不仅让发展农业适度规模经营成为现实，也使新型农业经营主体的活力持续迸发。众多的合作社、家庭农场等新型农业经营主体不断从阡陌间崛起。

近年来，乐山市围绕打造生态高效农业、调优农业产业结构，按照"一区六带"建设方案，把乐山建成现代农旅融合发展特色区，打造100万亩高标准茶产业带、100万亩现代林竹产业带、100万亩优质蔬菜产业带、34万亩中药材产业带和种养循环标准化规模养殖产业带、特色农业休闲体验产业带等六大产业带。现已建成现代农业万亩示范区65个，着力打造峨眉山市、犍为县、马边彝族自治县三个省级现代农业重点县和井研现代农业示范县，打造峨眉山市、夹江县省级现代林业重点县，沐川县省级现代林业示范县，形成了畜牧、茶叶、柑橘、蔬菜、中药材、林业等重点产业。

畜牧产业。 畜禽养殖业是现代农业的重要组成部分，是农业产业脱贫攻坚的中坚力量。乐山畜牧主导产业是猪、禽养殖，产量名列全省前茅。2018年全市出栏猪318万头，家禽3508万只，肉类总产量30.9万吨，禽蛋产量12.2万吨；畜牧业总产值114.5亿元，占农业总产值的35.5%，其中生猪和家禽行业占畜牧业产值的92%以上。全市从事猪、禽加工流通的龙头企业共有8家，其中有全国著名的国家级龙头企业新希望集团、省级龙头加工出口企业蓝雁集团、省级优秀龙头企业巨星集团等。生猪和家禽品种方面具有很强的竞争优势，良种率高，繁育体系健全，有种猪、种禽场21个，其中国家级核心育种场1个，省级原种场3个。"杜长大"等良种生猪出栏比例达到80%以上。峨眉黑鸡、沐川乌鸡、马边乌金猪等地方优良品种更是享誉省内外。

茶产业。 乐山是全国名优绿茶最适宜产区和全国茉莉花茶产业核心产区，被誉为"中国绿茶之都"。近年来，乐山市大力推进"峨眉山茶"区域品牌建设，推动茶产业向精深加工、品牌营销、文化旅游等业态演进，探索出一条产业特色鲜明、品牌效益突出、三产融合紧密、助农增收强劲的发展之路，茶叶已成为乐山市优势最明显、市场效益最好、农民收益最稳定的脱贫产业。全市现有规模化茶叶生产企业140家，年产值上亿元的3家（竹叶青、峨眉雪芽、仙芝竹尖），千万元以上的32家，形成了名优绿茶、出口绿茶、茉莉花茶三大加工集群，培育了竹叶青、峨眉雪芽、论道3个"中国驰名商标"。其中，竹叶青品牌已成为中国十大名茶之一，2018年产值达到12亿元，位居全国绿茶单品销售企业榜首。位于峨眉山市的大西南茶叶市场年交易额超85亿元，是西南地区最大的名优绿茶集散地。

柑橘产业。 乐山有柑橘种植面积38.5万亩，重点分布在井研县、五通桥区、犍为县等地。其中井研柑橘种植面积20万余亩，年产量10余万吨。井研县繁盛杂交柑橘专业合作社大力发展"不知火""爱媛""春见"等优质品种，11年间建园5.1万亩。犍为金石井镇50年来一直坚持以柑橘为主导产业，全镇柑橘面积2万亩，柑橘产业带动蜂业、林下养殖业、乡村旅游业的发展，实现一业带多业良性发展格局。

蔬菜产业。乐山是全省重要的商品蔬菜生产基地之一。形成了早春蔬菜生产区、特色蔬菜生产区和高山蔬菜生产区三大优势区域。早春蔬菜比成都平原提早半个月上市，季节优势明显。高山蔬菜可有效缓解川渝两地秋淡市场供应，市场空间大。西坝生姜、犍为麻柳姜品质优良，全国闻名。2018年全市蔬菜面积108万亩，优质蔬菜面积85万亩，产量309万吨，产值60.5亿元。乐山直供港澳蔬菜基地备案面积1.23万亩，位列全省第一。

中药材产业。乐山是四川省药材主产区之一。2018年，全市中药材面积34万亩，产值11亿元。乐山市有中药材种植资源2900多种，占全省资源的66.6%。仅峨眉山药用植物种类就占全国的18.5%、全省的49%，被誉为"仙山药园"。具有代表性的川产道地药材有黄连、川牛膝、干姜等14个品种。黄连、川牛膝、干姜均为全国著名优质药材，在四川产量均占60%以上（川牛膝产量居全国第一）。

林竹产业。乐山森林资源丰富，人工林可利用蓄积居全省第1位，林业总产值居全省第2位，森林覆盖率居全省第3位。全市木竹原料林基础较好，现已建成工业原料林、木本油料林和珍贵用材林等特色产业基地650.6万亩，年可采伐蓄积149.9万立方米，年可产竹材80万吨。近年来，乐山市大力发展林竹工业产业带和林业特色产业带，打造两条百亿元产业长廊，即以林浆纸一体化为重点，建设井研、犍为、沐川林浆纸百亿元产业长廊；建设沙湾区、市中区、峨眉山市和夹江县林板家具百亿元产业长廊，现全市已形成40万吨制浆、78万吨造纸能力的竹浆纸一体化产业体系和50万立方米林（竹）板一体化产业体系。全市农民人均林业收入2000元。

截至2018年年底，乐山市共拥有6家国家级农业产业化经营龙头企业，5种中国驰名商标和12种国家地理标志保护农产品，全市茶业综合发展水平居全省前列，荣膺"中国绿茶之都"称号。

◎ 第三产业

汉代兴起的南方丝绸之路经贸活动和宋代的茶马贸易，是乐山第三产业兴起的雏形。作为南方丝绸之路上的重要节点，乐山地区的丝绸往来贸易十分兴盛，带动了乐山地区贸易服务的发展。至宋代，从川东巫山、建始运往黎州、雅州以至藏区的"边茶"以乐山为汇集点，在乐山城下中转停泊，然后再溯青衣江而上，分销各地，乐山贸易服务业进一步发展。到近现代，特别是改革开放以后，乐山第三产业进入快速发展时期。

作为国家"十三五"服务业综合改革试点市，近年来，乐山市大力发展第三产业，加快建设全省区域性服务业中心城市。2018年，全市规模以上服务业企业达210家，限额以上批发零售和住宿餐饮企业达614家。服务业增加值达到727.39亿元，三种产业比重为10.3：44.7：45.0。

乐山旅游经济总量居全省第二位，旅游产业是带动乐山第三产业发展的"主力军"。2018年累计接待国内外旅游者5733.55万人次，其中，入境旅游23.3万人次。实现旅游综合收入892.59亿元，国内旅游收入889.46亿元，旅游外汇收入4734.44万美元。乐山重点做好文旅融合、扩容提质、景城一体、全域旅游"四篇文章"，文化旅游产业发展突飞猛进。为了进一步发挥好文化旅游产业优势，乐山市突出"旅游＋"，促进旅游产业与各产业的融合发展，大力培育文化旅游新业态，积极建设新的文化旅游产品体系，构建全域旅游发展格局，努力将乐山市创建成为国家全域旅游示范区。到"十三五"末，旅游业对地方经济贡献率将超过15%，旅游业对新增就业贡献率将超过20%，将建成天府旅游名县3个，国家A级旅游景区40个、国家级旅游度假区1个、省级旅游度假区2个、省级乡村旅游强县2个、省级乡村旅游精品村寨达到20个，省级农家乐（乡村酒店）达到260

个。另一方面，完善公共服务体系并开展全域营销。加快落实文化旅游基础设施、完善文化旅游公共服务体系、增加公共文化旅游产品供给、推进文旅投资与消费环境建设。大力发展"智慧旅游"，推进智慧景区、智慧酒店示范试点建设。同时，强化全域包装、全域宣传、全域营销，深化与境内外友好城市、客源地城市点对点的合作和线路联动。抓住旅游营销特点，利用移动互联网、客户端、微信、微博等新媒体工具，线上线下互动，不断提高乐山全域旅游的知名度。

乐山市服务业发达，服务业增加值总量达到727.39亿元，在地区生产总值中占比提升至45.0%，规模以上服务业210家，限额以上批发零售和住宿餐饮单位614家，服务业固定资产投资实现843.24亿元，在全社会固定资产投资中占比达到74.3%。现代金融、科技服务、电子商务、养老健康、现代物流、会展经济等新兴先导型服务业加快发展。

四川金融次中心建设稳步推进，服务实体经济能力不断提升，2017年年末，全市各类金融机构达122家，A股上市公司6家，新三板挂牌企业7家，本外币存款2223.45亿元，贷款余额1560.93亿元，存贷比70.20%，保费收入64.48亿元。成功获批全省科技与金融结合综合试点城市，组建了1.5亿资金规模科技知识产权发展运营基金，全市拥有各类科技活动机构51个，科技活动人员12万人，省级以上科技型企业孵化载体4个，孵化面积6万平方米，在孵企业超过200家。

加快推进科技服务业发展，以研发设计、信息资源、创业孵化、科技中介、科技金融、科技融合和检验检测为重点，截至2018年12月，科技服务业实现营业收入45亿元，科技进步综合水平指数达54.74。

电子商务快速发展，全市实现电子商务网络交易额371.37亿元，其中网络零售额204.07亿元，累计建成乡（村）电子商务服务示范站（点）1200个，县级电子商务运营中心（电子商务孵化园）5个。

医养结合机制基本建立，全市拥有养老机构139个，其中内设医疗机构10个，所有养老机构均与医疗机构签订了合作协议；同时取得医疗机构和养老机构许可证的医养结合机构12家。

会展经济快速兴起。以旅游业为依托，成功举办了五届四川省国际旅游交易博览会，两届茶博会、两届佛光花海音乐节、申遗20周年纪念活动等大型文旅活动，会展经济成为带动经济发展的新力量。

物流业稳步发展。乐山市境内交通便捷，初步形成以成昆铁路、公路干线为主、通往省内外的"点—轴—面"相结合的物流运输通道。2017年完成货物运输总量14045万吨，社会物流节点主要包括绵竹城市商贸物流中心、沙湾不锈钢铁行业物流集散地、乐山蓝雁食品冷链物流中心等。境内有四川佳祥物流有限公司、四川沿森投资管理有限公司等14家省级重点物流企业。

◎ 脱贫攻坚

乐山市有贫困县4个，贫困村259个，2013年年底，有建档立卡贫困户6.8万户、21.2万人。金口河区、峨边彝族自治县和马边彝族自治县"两县一区"地处小凉山彝区，呈整体性贫困，是脱贫攻坚的"坚中之坚"。截至目前，全市贫困村减少至33个、贫困人口下降至1.26万人，贫困发生率由2013年的9.0%下降至0.5%。"两县一区"还有贫困村33个、贫困人口0.9万人。市委、市政府始终把脱贫攻坚作为最大的政治责任、最大的民生工程、最大的发展机遇，始终坚持精准扶贫精准脱贫方略，使出"绣花"功夫，确保到2020年贫困县、贫困村、贫困户全部稳定达到脱贫标准。

打好整体推进战。研究制定2019年年底前整体脱贫、打好脱贫攻坚三年行动、深度贫困县脱贫攻坚等工作方案，全覆盖派驻帮扶力量，全面推行"清单制+责任制"，全面构建大扶贫格局。坚持项目"挂图作战"，截至目前，2018年22个扶贫专项完成投资122.6亿元、占总投资的110.3%。

打好增收持久战。绘制"土壤地图"，深化"百企帮百村"，引导全市595家企业（合作社）全覆盖结对帮扶贫困村，惠及贫困户1.2万户。坚持以全覆盖劳动技能培训为抓手，推进就业扶贫。大力开发治安协管、护林绿化、乡村保洁等公益岗位安置8528人。举办扶贫专场招聘会，累计实现贫困家庭劳动力转移就业5.7万人。

打好精神扶贫战。创新出台了《乐山市开展精神扶贫激发贫困群众脱贫内生动力的实施方案》，在贫困地区、贫困群众中喊响"我奋斗、我致富、我光荣"口号，结合乡村振兴战略的实施，深入实施"六大行动、十八项举措"。建设了一批"脱贫奔康"乡村精神家园，创作了一批"致富颂"歌曲进行宣传推广，开展了系列"勤劳致富光荣"教育活动。大力推行"劳动收入奖励计划""青少年教育促进计划"。深入开展以移风易俗、"德古"调解、"双高"治理为主要内容的"除陋习、育新风"行动。举办乐山市精神扶贫论坛，着力推动贫困地区贫困群众精神面貌持续改善。

打好基础攻坚战。统筹推进各类住房建设，易地扶贫搬迁累计建成11031户、40863人，搬迁10697户39541人；彝家新寨住房建设累计建成2.78万户；农村危房改造和农村土坯房改造有序推进。大力推进"三年交通大会战"，开展"四好农村路"建设。全面加强村卫生室、文化室建设，全面落实九年义务教育"三免一补"，"三县一区"15年免费教育和贫困患者就医"十免四补助""两保三救助三基金"、分级诊疗等政策措施，提升教育扶贫、健康扶贫质量。

◎ 文化教育体育卫生事业

公共文化服务。近年来，乐山市大力推进公共文化服务体系建设，公共文化服务能力和水平显著提升。目前，乐山市已成功创建为第三批国家公共文化服务体系示范区城市，"文瀚嘉州·百姓直通车"成功创建为第二批国家公共文化服务体系示范项目。全市共有文化馆12个、图书馆12个、乡镇（街道）综合文化站218个、博物馆10个、剧院2个，市县两级文化馆和图书馆全面免费开放，实现乡乡有综合文化站、村村有农家书屋和文化活动室，构建起较为完善的市、县、乡、村四级公共文化基础设施网络。全市有线数字电视用户达50余万户，农村地面数字电视用户达6.7万户。现有74个乡镇电影放映厅、146个乡村室外电影固定放映点、22个城镇电影广场、29家城市院线影院。

教育事业。 乐山市围绕"强活力、促协调、提质量、推公平、保稳定"总基调和主线条，优先发展教育事业，不断提高各阶段教育教学质量。目前，全市有各级各类学校共1177所，在校生50.1925万人。其中幼儿园732所、在园幼儿9.39万人、附设幼儿班1.07万人，小学227所、在校生18.11万人，初中167所、在校学生8.4万人，普通高中25所、在校学生4.04万人，中等职业学校19所、在校学生3.13万人，特殊教育学校3所、在校生441人，专科院校1所、本科院校3所、学历教育在校生5.1669万人。全市中小学（幼儿园）共有教职工35021人，专任教师29078人，正高级教师10人，特级教师52人，高级教师4544人。高校在职教职工3436人，专任教师2626人，教授380人，副教授687人。

体育事业。 乐山市坚持"以体兴旅、以旅促体、旅体融合"的工作思路，加快体育与旅游融合发展，体育事业发展取得明显成绩。全市拥有体育场地3059个，室内体育场64个，室外体育场2995个，城市健身步道53.1千米，场地面积240万平方米，年均免费向群众开放体育场馆200多万人次。乡镇、村、社区体育设施覆盖率分别达到100%、86%、100%，极大地方便了群众就地就近健身。建成业余体校9所，训练单位26个，已开展篮球、足球、排球、乒乓球类和田径、游泳、体操、射击、皮划艇、武术等23个项目的业余训练，有在训学生1500

人，并有130名运动员在国家队、省队集训和代训。体育人才队伍充裕，有教练员115人，有国际级裁判员3人、国家级裁判员9人、一级裁判员176人、二级裁判员1486人。建成国家高水平体育后备人才基地1个、省级11个。先后为省队输送了120多名优秀运动员，向国家队输送了运动员3人。

医疗卫生与健康事业。乐山市牢固树立以人民为中心的思想，加快推动全市医疗卫生事业高质量发展，不断满足人民群众卫生与健康需求。全市共有医疗卫生计生机构3229个。其中：医院103个、基层医疗卫生机构3087个、专业公共卫生机构39个。医疗卫生机构共有病床数23488张，每千常住人口病床数7.18张。全市医疗卫生机构有卫生专业技术人员19837人，其中执业（助理）医师7769人、注册护士8788人，每千常住人口执业（助理）医师数2.37人、注册护士数2.69人。全市市、县、乡（街道）、村（社区）四级医疗卫生服务网络健全。

◎ 就业与社会保障

乐山市牢固树立以人民为中心的发展思想，始终坚持"民生为本、人才优先"，实施积极的就业创业政策，努力健全社会保障体系，深入推进人事制度改革，着力加强人才队伍建设，合理调节工资收入分配，积极构建和谐劳动关系，全市就业形势稳定，社会保障水平不断提高，劳动关系总体和谐稳定，公共服务效能不断提升。

就业创业形势稳定。积极落实完善就业创业政策措施，推动统筹城乡就业创业，促进高校毕业生就业创业和就业困难群体就业，就业局势总体保持稳定，失业率保持在较低水平，就业结构更加优化，就业形式更加多元，创业带动就业效应进一步发挥，覆盖城乡的公共就业创业服务体系基本建成。2018年，城镇新增就业52605人，城镇失业人员再就业18757人，就业困难人员就业9591人，城镇登记失业率3.82%，控制在4.4%以内。

社会保障覆盖扩面。 坚持从制度入手，不断完善覆盖城乡居民的社会保障体系，社会保障覆盖面不断扩大，待遇水平逐年提高。2018年，企业职工养老保险、城镇职工医疗保险、工伤保险、失业保险、生育保险参保人数分别达到112.47万、57.65万、37.75万、23.27万、21.65万。企业职工养老保险、城镇职工医疗保险、工伤保险、失业保险、生育保险基金征缴分别达到54.25亿元、17.66亿元、2.75亿元、1.05亿元、5820万元。

人才服务推动有力。 高层次人才服务体系不断完善，服务能力不断提高，引才效益不断显现。2018年，成功举办中国旅游人才峰会，通过连续三年的精心打造，该峰会已逐步成为国内外旅游人才领域思想交锋、智慧碰撞、呈献知识盛宴的高端对话平台。以"嘉州英才卡"为载体，为我市通过认定的218名优秀高层次人才提供住房、就医、教育、创业等48项服务保障措施，营造了拴心留人的人才服务环境。全年我市共获批国家级外专引智项目2项，省级外专引智项目8项，其中乐山市人民医院成为我市首个成功申报省"天府高端引智计划"项目的单位。

劳动关系和谐稳定。 协调劳动关系三方机制逐步健全，劳动保障监察执法机制逐步完善，劳动人事争议调解组织和仲裁机构争议处理效能和管理服务水平进一步提高。2018年，全市企业劳动合同签订率96.3%，全市企业集体合同签订率保持90.5%，全市劳动人事争议仲裁机构受理立案1783件，劳动人事争议仲裁结案率99.9%，全市基层调解组织立案1263件，结案1263件，涉及劳动者1273人，涉案金额1923万元，劳动人事争议调解成功率100%。

收入分配逐步规范。 机关事业单位基本工资标准正常调整机制建立，公务员津贴补贴进一步规范，少数民族地区艰苦边远地区津贴标准进一步提高，事业单位绩效工资全面实施。企业工资宏观调控体系不断完善，全市最低工资标准从2010年的780元调整到2018年的1650元，增幅达111.5%。全市事业单位绩效工资制度全面实施，企业最低工资标准调整机制基本建立。

服务效能显著提升。按照数据向上集中，服务向下延伸的要求，全面建设群众满意的人社公共服务体系，经办服务能力得到进一步增强。以615个基层平台标准化建设为载体，着力打造"城市10分钟+农村5公里"的人社服务圈，推动公共服务事项下沉乡镇（街道）、村（社区）。推进综合柜员制建设，构建"一般业务网上办、标准业务自助办、复杂业务窗口办、特殊业务专人办"的多维立体服务体系。在全省率先建设就业创业信息化平台，高效进行人岗匹配，实现就业创业服务24小时"不打烊"。

第四节
书香武韵——文化品牌

我们常说，文化是通行世界的名片。历经沧桑变迁的历史文化名城留下那份从容大度，也留下了独特的文化印记，延续了这座城市的文脉，展现了这座城市的风貌，塑造了这座城市的灵魂。

◎ 嘉州画院

乐山风光秀丽，历史悠久，人文荟萃，孕育了独具嘉州特色的文化风格。著名的乐山籍书画艺术大师李琼久先生早在上世纪30年代就活跃于画坛，在他的带领下，乐山成长起来一批在全国颇具影响力的画家。1980年，李琼久先生为弘扬乐山书画艺术，培养更多更优秀的书画艺术家，发起、建立了新中国成立以来四川省第一个专业画院——嘉州画院，并亲任院长。李琼久先生在艺术上取得了很高的成就，受到了李可染、何海霞等著名书画大师的高度评价和一致推崇。嘉州画院在他的领导下，继承传统国画艺术，开拓创新，不断进取，形成了雄奇俊秀、苍润浑厚、飘逸空灵、笔墨生辣、色彩分明的独特艺术风格，被美术界誉为"嘉州画派"。2010年在乐山市委、市政府的关心下，嘉州画院进行了重组，明确了画院为非营利性质的文化艺术社团，主管部门为乐山市委宣传部，由此开启了嘉州画院发展的新篇章。

嘉州画院始终坚持精品文艺创作。画院自成立以来，始终致力于创作集思想性、艺术性、观赏性有机统一的优秀作品，通过艺术作品传播当代中国价值观念、体现中华文化精神、反映中国人审美追求，做好乐山地方文化的推广者。每年定向组织画院画家围绕重大节庆纪念活动，创作推出优秀作品，定期为中青年画家提供国家画院、中央美院等平台创作实践以及对艺术理论和相关知识的学习机会，鼓励画院画家参加国家、省级展览赛事活动，画院许多画家作品入选全国美展并获奖，北京人民大会堂、天安门城楼、毛主席纪念堂、中国革命军事博物馆、台北故宫博物院均收藏有画派代表作品。

嘉州画院始终坚持对外文化推广。重组以后，画院多次代表文化部、四川省到英国、法国、日本、韩国、巴西、台湾等地开展文化艺术交流。2010年2月在上海世博会的四川展馆中代表四川书画围绕四川茶文化作专题书画展示，受到了国内外来宾的高度关注。2012年11月，在北京军事博物馆举办纪念郭沫若诞辰120周年书画展览，承办"朝圣峨眉·典藏金秋"书画拍卖专场，在天津、青海、成都等地举办各类主题书画展。2018年，在全国众多画派以及国家、省级画院机构的激烈竞争中，乐山嘉州画派脱颖而出，被中国文化和旅游部确定入选《中国——中东欧国家文化合作杭州宣言》的11个重点对外文化交流合作项目，由中共乐山市委宣传部组织嘉州画派优秀书画艺术代表前往塞尔维亚、黑山开展对外文化交流，展示了乐山地方文化品牌的魅力，在此期间，乐山嘉州画院与塞尔维亚知名艺术机构"克鲁格"视觉研究中心还签定了长期艺术交流合作计划。《中国文化报》、《收藏市场》、雅昌网、《四川美术》等专业媒体和《文汇报》、《四川日报》、《华西都市报》等大众媒体上，以专题或专版形式对"嘉州画派"的艺术风格、创作成果以及开展的系列活动进行了宣传报道，极大提升了"嘉州画派"的品牌价值和影响力。

嘉州画院始终践行艺术服务人民。积极开展文化为民惠民活动，2016年以来，投身于"深入生活、扎根人民"主题实践活动、"我们的中国梦·文化进万家"、"送欢乐下基层"和文艺志愿服务活动当中，走进大众、融入时代、贴近生活，不断进行美的发现和美的创造，参与"聚成爱心"公益基金会慈善助学活动，举办2018年乐山市书画作品扶贫公益拍卖活动，每年向社会捐赠书画作品近3000幅，送春联16000余幅，不断深化书画惠民工作。围绕大小凉山扶贫开放、四川国际旅游博览会等市委、政府重点工作，举办《彝家寨瓦几瓦》、《阔步新时代 建设新乐山——乐山市庆祝改革开放40周年大型书画展》等各类书画展200余场，以书画艺术参与文化强市建设，涵养人民生活。

嘉州画院始终致力画派传承发展。实施文艺人才培养计划，积极吸收各地、各类优秀书画艺术人才加入画院，推荐有条件的画师加入国家、省级专业协会，促进画派持续健康发展。组织画院画家深入开展书画采风、艺术研讨、展示培训等创作活动以及文化惠民、公益捐赠、扶贫助学等社会活动，不断提升嘉州画派的专业水平和社会价值。不断加强对基层书画团体和书画作者的业务指导，建立联系基层书画团体、联系书画作者机制，发现人才、培养人才，重点培养一批发展势头好、有一定影响力的中青年书画作者。建立书画精品创作项目库和市级书画精品评审专家库，每年有针对性地选择一批思想性、艺术性、观赏性俱佳的项目进行重点扶持帮助。建立嘉州画派传承基地，开展画派推广进校园、进社区、进军营等多类型的传承发展活动。

嘉州画院经过近四十年的发展，现有书画家百余人，涵盖了中国画、书法、油画、水彩、板画、雕塑、美术理论等艺术门类，其中中国美术家协会会员12人，中国书法家协会会员12人，省级美协、书协会员85人，嘉州画院的巨大影响使其在众多画院中脱颖而出，成为了乐山画坛最高水平的代名词，正是有嘉州画院的兴起繁荣，才推动形成了今天乐山书画繁荣发展的生动局面，为促进乐山书画艺术事业、推动我市文化强市建设作出了积极贡献。

◎ 沫若书院

乐山沫若书院成立于2017年9月，是乐山市委宣传部和乐山市文广旅游局主办的一家民办非企业单位，其宗旨为"崇文弘德，成风化人；凝聚人才，厚植文脉；兼容并蓄，传承创新"，主要通过聚集文化人才，开展乐山地方文化的整理研究和开发利用工作，进而推动沫若文化、地域文化和中华优秀传统文化的传承与弘扬。

沫若书院特邀四川省作家协会主席、茅盾文学奖得主阿来担任名誉院长，特聘四川历史学会会长谭继和，四川大学文新学院院长李怡，西南大学文学院院长王本朝，鲁迅文学奖和茅盾文学奖评委何开四，省郭沫若研究会会长彭邦本，长江学者宁强等12名国内知名专家、学者为院士。下设郭沫若研究部、文学艺术部、地方文史一部和二部等四个专业研究机构，共有研究员53名，基本聚集了乐山历史人文社科领域的优秀人才。

沫若书院创办以来，积极推进各项活动开展，力争将书院打造为既有传承又符合现实需要的现代书院。为此，沫若书院确立了传承、学术、讲学、服务四大功能。传承，即依托乐山文庙，开展祭孔、成人礼、国学演艺等活动，通过庄重仪规，灌注一种文化精神契约，推动文化氛围的营造；学术，即发挥书院人才优势，有计划有组织地开展地方文化挖掘整理创造；讲学，即邀请院士、国内名家和有建树的研究员在乐山举办讲座，授业解惑，开拓视野，传递文化精神；服务，即学以致用，推动各项研究成果转化为促进乐山经济社会发展的现实生产力。

围绕实现"传承、学术、讲学、服务四大功能"，沫若书院坚持做到了每月举办一次高水平的文化讲座（"沫若讲堂"），每次讲座皆录制成公开课，整理成单独的篇章，放在网站上或刊登在院刊上，二次传播，扩大受众面，提升社会效益。截至2019年3月，共邀请了中国郭沫若研究会执行会长蔡震讲"走进史学的郭沫若"、四川历史学会会长谭继和讲"巴蜀文化神奇神秘神妙的美"、四川大学博士生导师陈建明讲"中国传统文化的精髓"、知名民间学者杨槐讲"中华本源文化"、长江学者宁强讲"佛教艺术与乐山"等23名省内外知名专家学者在乐山举办讲座。"沫若讲堂"的品牌逐步树立，影响力不断提升。

沫若书院每季度出版一期《沫若书院院刊》。院刊始终坚持"原创首发"的原则，以此激发和提升研究员的研究创新能力，并带动一大批爱好并有志于文史写作的青年才俊加入到书院的队伍中，扩大了院刊的受众面和稿源，保证了每期院刊的质量。通过院刊，让众多人物从历史中走出来鲜活亮相，深入考证也让新的发现层出不穷，一批藏秘于民间文献中的新奇史料整理面世，阔别四百年的《香国海棠赋》也重回乐山。完成了首批《沫若书院文辑》的组稿编辑工作，即将交付出版社。这套文辑共5辑，分别是《古意乐山》、《诗意乐山》、《畅意乐山》、《禅意乐山》、《多彩沫若》，共约100万字，涵盖了品评、吟诵、研究、解读乐山的山山水水、人文景观、古风古貌、宗教文化、多才沫若等方方面面内容，是一套全方位了解乐山的精湛读本。

滔滔沫若水，悠悠书院情。乐山的书院文化曾经辉煌，最早可追溯到南宋时期，夹江知县高定子创办了同红书院;明代嘉定知州创建了九峰书院；抗日战争时期，北方南下的国学大儒马一浮，在乐山的乌游寺创办了复性书院。今天的沫若书院，在中共乐山市委、市政府的领导下，不仅会努力传承好中华传统文脉，而且会有所创新，有所发展，从而有所促进"书香之城，文化乐山"建设。

◎ 峨眉武研

为传承弘扬优秀传统文化，2017年8月，国家体育总局武术研究院、乐山师范学院、峨眉山市人民政府共同成立了中国武术研究院峨眉武术研究中心，简称"峨眉武研"。由国家体育总局武术研究院院长张秋平担任顾问。峨眉武术研究中心旨在推动峨眉武术文化创造性转化、创新性发展。2018年，乐山市出台《关于加快峨眉武术发展的实施意见》，重点实施发源地、标准化、产业发展、宣传推广、传承普及等五大工程，大力推动峨眉武术系统化、产业化、品牌化发展，加快促进峨眉武术传承弘扬、发展振兴，有力地推动了峨眉武术研究中心的发展。

峨眉武术研究中心成立以来，大力发展赛事经济，成功承办了第七届世界传统武术锦标赛，先后举办"峨眉漂流杯"、第三届四川·中国古典武艺交流大赛暨四川省传统武术名人明星争霸赛、第六届中国·四川峨眉山国际武术节、"峨眉传奇"冠军争霸赛等赛事，吸引了数万名游客观看，现场直播平台有新浪、腾讯、优酷、爱奇艺近20家，单场直播观看人数500万以上，推动了"赛事+旅游"的发展。2017年11月，举办第七届世界传统武术锦标赛，吸引了52个国家和地区、3800多名运动员报名参赛，比赛期间，峨眉山市宾馆酒店平均入住率超80%、同比增长约40%，全市实现旅游综合收入超2400万元。2018年，举办国际峨眉武术节，来自俄罗斯、美国、法国等21个国家123支代表队的1671名运动员参赛，吸引了大量的媒体和游客关注，各大网络平台相关稿件点击量超五千万次，总评论数超300万条。

峨眉武术研究中心积极推动峨眉武术文化传承，大力推进武术"六进"和中国武术段位制工作，邀请国际级裁判温佐慧等专家对优秀武术教练员进行培训，编写《峨眉武术段位套路》，制定《峨眉武术段位制评测标准》，打造武术健身站点59个，创编峨眉武术操，大力推动峨眉武术传承和弘扬。目前，该研究中心拥有峨眉武术国家级非遗传承人1人，省级1人，市县级传承人30人。有竞技武术套路国家一级裁判员3人，散打国家一级裁判员2人。15%的注册会员参加过国际级传统武术套路比赛，30%的注册会员参加过国家级传统武术套路比赛，15%的注册会员参加过省、市级的传统武术套路比赛。

峨眉武术研究中心以"传统式体验，现代化推广"的理念，充分运用现代化手段对峨眉武术进行系统性的包装和展示，推动峨眉武术文化对外交流。近年来，研究中心组织参加了"峨眉漂流杯"第三届四川·中国古典武艺交流大赛暨四川省传统武术名人明星争霸赛、四川省第十三届运动会武术套路比赛、第十五届全国武术之乡武术套路比赛、第十届中国·沧州国际武术节、四川省太极拳锦标赛、第六届中国·四川峨眉山国际武术节等各项赛事，用以武会友的方式大力宣传峨眉武术，打响峨眉武术品牌。下一步，研究中心将依托峨眉武术馆校，大力推动峨眉武术传承与弘扬，进而吸引各种武术流派、各种拳种的武术名家、品牌落户发展，推动武术产业与文旅产业交融互促，释放峨眉武术的新活力。

第二章

名胜 名人 名篇

第一节
景秀乐山——名景名胜

乐山地处四川盆地向西南山地过渡地带，特殊的地理位置和气候造就了秀美的自然风光，与历史人文景观、小凉山民族风情融合，形成了美如仙境的风景、独具一格的名胜，让人陶醉其中，流连忘返。

◎ 峨眉山景区

——世界文化与自然遗产、国家5A级旅游景区、国家级风景名胜区，被誉为"佛国天堂""山之领袖""动植物王国""地质博物馆"。

峨眉山景区位于乐山峨眉山市境内，面积154平方千米，最高峰海拔3099米，是一个集自然风光与佛教文化为一体的国家级山岳型风景名胜区。它以优美的自然风光、悠久的佛教文化、丰富的动植物资源、独特的地质地貌著称于世，是人们礼佛朝拜、游览观光、科学考察和休闲疗养的胜地，香火旺盛，游人不绝，被誉为"仙山佛国""植物王国""动物乐园""地质博物馆"。峨眉山景区景点名胜数不胜数，主要由低山游览区、中山游览区和高山游览区组成。

低山区游览区海拔550～750米，气候温和，林木葱茏，自然风光秀丽，历史人文景观丰富。主要有报国寺、伏虎寺、神水阁、雷音寺等佛教寺庙和建筑，还有峨眉山新开辟的"十景"之第一山亭、秀甲瀑布、迎宾滩、名山起点、摩崖石刻等自然人文景观。美食廊，灵秀温泉、红珠温泉、瑜伽温泉等温泉康疗休闲区和美食廊、星级酒店等也集中在这个景区。

报国寺。位于峨眉山麓凤凰坪下，海拔550米。报国寺建成于明代，是全国重点文物保护单位、全国重点寺庙，是峨眉山佛教协会所在地、峨眉山佛教活动的中心和游峨眉山的起点。峨眉山的众多寺庙中，报国寺是入山的门户。寺庙周围楠木蔽空，红墙围绕，佛殿崇宏，金碧辉煌。整个寺庙是典型的庭院建筑，占地60余亩，有弥勒殿、大雄殿、七佛殿和普贤殿四重屋宇，一院一景，层层深入，蔚为壮观。寺内有明代的瓷佛像、明代圣积寺的大钟等珍贵文物。特别是圣积铜钟，为明代铸造，高2.8米，重12.5吨，有"巴蜀钟王"之称。这口钟钟声清越、传播数里，回荡于山林旷野之间，使人顿时忘了烦恼，这就是峨眉山著名景点"圣积晚钟"。寺内峨眉山文物管理所，收藏各种陶瓷玉石、文献字画和战国时代出土的兵器、工器等。佛教协会的许多大型法会都在这里举行。

伏虎寺。始建于晋代末年，海拔630米，是全国重点文物保护单位，寺内建筑有山门、弥勒殿、大雄宝殿、观音殿、客堂、斋堂、离垢园等。大雄宝殿右侧后院内有华严塔亭，里面有元代末年铸造的紫铜华严塔一座，高5.8米，塔身铸造有上千尊小佛像，塔体上刻有《华严经》全文。华严塔以历史久远和铸造精良闻名，也因此成为峨眉山十景之一。春秋时节，在伏虎寺里还可以看到峨眉山特有的枯叶蝶在翩翩飞舞。

神水阁。原为明代巡抚吴用先别墅，清代改名神水阁。里面有四重殿宇，分别是观音殿、弥勒殿、大雄殿、普贤殿、建造精美。神水阁外面有个泉水池，泉水清澈见底，取之不尽，冬暖夏凉，所以被视为山中圣泉。

雷音寺。雷音寺明代称为观音堂，清代更名雷音寺。寺内清涧潺潺、丛林郁郁，风景优美、引人入胜。寺庙脚下有260余级石梯，是登峨眉山的第一坡，是有名的"解脱坡"。

峨眉山新开发景点。"第一山亭"是游客步行入山的起点，是中国目前最大的铜亭，由中国工艺美术大师朱炳仁设计建造，是峨眉山古今文化的缩影。"迎宾滩"位于迎宾广场，四周绿荫环绕，峨眉山泉从石上流下，色如白练，水花跳跃奔腾，代表着热情好客的峨眉山人欢迎着来五湖四海的宾客。"秀甲瀑布"是迎宾广场的主体建筑之一，这里飞瀑飞泻而下、响声轰隆，溅起的水花在空中形成一阵雨雾，形成若隐若现的彩虹。"摩崖石刻"位于生态旅游广场，崖石四周的刻有魏、晋、元、明、清不同朝代名人对峨眉山的评价。

中山游览区海拔750～1900米，随着海拔的升高，山势更加险峻，自然风光越来越秀美、人文景观越来越丰富。峨眉山"传统十景"中的象池月夜、九老仙府、大坪霁雪、洪椿晓雨、白水秋风、双桥清音、灵岩叠翠等七大景观，"新辟十景"中的小平情缘、清音平湖、幽谷灵猴、名山起点等四大景点都集中在这个区域。主要景点有万年寺、清音阁、洪椿坪、仙峰寺、洗象池、华严顶、九岭岗、名山起点等历史人文景观，还有九十九道拐、一线天等自然景观。

清音阁。清音阁建于唐代，是全国重点文物保护单位、全国重点寺庙。明代时，有僧人取晋人左思"何必丝与竹，山水有清音"的诗句而改名为"清音阁"。清音阁建在峨眉山黑龙江和白龙江之间的山梁上，凌空高耸，里面供有释迦牟尼及文殊菩萨、普贤菩萨佛像，在这里可看到山光水色，闻到花草芬芳，听到流泉清音，触摸到亭台碑石，集中了视觉美、听觉美，使人获得峨眉山风光总体感受。清音阁附近还有牛心寺、广福寺、白龙寺和白云峡，共同构成了罕见的庞大的山野佛寺园林。清音阁与接王亭和牛心亭相连，接王亭两侧各有一座桥。亭子下两水汇流处有一块巨石，形状像牛心，被称作牛心石。泉水冲击在牛心石上，好像银涛喷雪，水声如雷。峨眉山最具代表性的"清音平湖""双桥清音"景点就在这个地方。这里夏秋清凉，为避暑休闲度假的胜地，是峨眉山著名的十景之一。

万年寺。始建于东晋，名叫普贤寺，海拔1020米，明代神宗御题"圣寿万年寺"，因此被叫作"万年寺"。万年寺是全国文物重点保护单位，全国重点寺庙，峨眉山最大的寺庙，也是峨眉山历史最悠久的寺庙之一。有大雄殿、巍峨殿、行愿楼、斋堂。寺庙内有三样宝贝，分别是距今20万年的剑齿象佛牙、刻记在树叶上的经书贝叶经和和明代万历皇帝御赐的金印。万年寺现存观音殿、弥勒殿、般若堂、行愿楼、贝叶楼等。无梁砖殿是明代所建，这座砖殿特别之处在于无梁无柱，不用一块木头，殿壁、殿顶，甚至窗棂都是用砖砌的。"传统十景"中的"白水秋风"景点就在万年寺。万年寺建在群山之中突起的一座山峰上，诸峰相映，景色宜人。秋季，林中色彩斑斓，红叶如醉，寺内的白水池碧波荡漾，蛙声如琴，丹桂飘香，令人神清气爽，因而称之为"白水秋风"。唐代时，诗人李白游峨眉山，就住在万年寺听蜀僧弹琴。

洪椿坪。建于明朝，清时重修，是全国重点文物保护单位，全国重点寺庙。因寺前有三棵洪椿古树而得名，海拔1120米。这里古树很多，有上千年的罗汉松，八百多年的桢楠树等，古树参天蔽日。洪椿坪分为观音殿、大雄宝殿和普贤殿，殿后供达摩祖师。寺院周围山抱林拥、葱郁幽静、雨雾蒙蒙、冬无严寒、夏无酷暑，有四季常春的感觉，是个休闲颐养的好地方。峨眉山传统十景中的"洪椿晓雨""大坪霁雪"景点主体就在这个地方。"大坪霁雪"是在每年立冬后，大坪上白雪纷飞，严冬之时，大坪和环绕周围的群峰银装素裹，犹如一朵庞大的雪莲花。寺院依山而建，气候湿润，常常是烟雨蒙蒙。尤其在清晨，晨曦照在树丛上，雾化为露，积满了草丛和树梢，只听见密密的树林里沙沙作响，如同淅淅沥沥的雨声，这就著名的"洪椿晓雨"。

九老仙府。九老仙府是仙峰寺与九老洞的统称，海拔1750米，曾是道观，相传是财神爷赵公明修炼的洞府。这一带生长着许多世界珍稀植物珙桐树，形状如白鸽。从仙峰寺往山顶2千米，就是九老洞。相传这是九位仙老居住的地方。九老洞为岩溶洞穴，洞内岔洞很多，蜿蜒曲折，大小洞纵横交错，漫步其中，可欣赏到洞壁、洞顶上天然雕琢而成的岩溶造型，如石笋、石柱、石花等，里面有蝙蝠、金丝燕等，俨然一座古朴新奇、典雅而森严的艺术宫殿。

洗象池。洗象池是明代修建的一所亭子，清代改建为寺庙，是全国重点寺庙。洗象池海拔2070米，峨眉山上十景之"象池月夜"，最佳的观景点就在这里。洗象池周围冷杉挺拔，冷竹丛生，在夏秋的晚上，月光如银，与峨眉山山林、禅院交相辉映，给人无限的遐想，是峨眉山赏月最好的地方。唐代诗人李白就是看到这迷人的月色，有感而发，咏出了"峨眉山月半轮秋，影入平羌江水流"的千古佳句。洗象池由殿宇三重，中轴对称布局，依次是前山门、弥勒殿、大雄宝殿、观音殿、后山门，寺藏文物比较丰富，藏经楼上供有一瓷制观世音菩萨像，制作精良。同时，还有其他珍贵文物，观赏价值很高。这一带也是猴群栖息地之一，它们常常沿着路边进入寺庙周围向游客要食物，非常有趣。

幽谷灵猴。峨眉山生态猴区位于峨眉山清音阁、一线天至洪椿坪之间，这是一段狭长的幽谷，占地25公顷，是目前我国最大的自然生态猴保护区。生态猴区内现有三支家族式野生猴群，有300多只。猴是峨眉山的精灵，嬉闹顽皮、憨态可掬又极通人性，见人不惊、与人相亲、与人同乐，给游人带来无数欢乐，成为游客到峨眉山旅游必到的景点之一。

华严顶。华严顶清代扩建为寺庙，海拔1914米。这里风景险奇，登上华严顶，可看到金顶、九老洞、万年寺等山景，晴天还可以看到峨眉城区，所以这里有"小金顶"之称。

九岭岗。九岭岗位于华严顶西侧，是南北两条上山路的汇合口，峨眉山登山路线重要的交通枢纽。从九岭岗上山或下山这段路，景色优美，能领略到峨眉山丰富多彩的景致。

九十九道拐。九十九道拐是峨眉山著名险坡，起于凌霄亭，一直到寿星桥，因为地势险要，这里的台阶一拐连一拐，风景秀美。这里是徒步登峨眉山顶最艰难的一段路，坡陡不说，还弯弯曲曲，一个连一个，看不到尽头。道路两边长满了各种不同的植物，被称作峨眉山珍稀植物长廊。

一线天。一线天又名白云峡，是清音阁景区的一处峡谷景观。进入峡谷、踏上栈道，抬头望去，两面悬崖绝壁，斜插云空，如同一座大山被利斧从中劈开，透过疏藤密蔓，枝梢叶尖，露出宽不超过5米的一线天，神秘而林秀。走到这里，仰望大自然画出的这道永恒的风景线，欣赏它诗意很浓的美景，让人心旷神怡。

高山游览区海拔1900～3099米，气候寒冷，四季如冬。这一带山高云低、寺庙集中。峨眉山最为壮丽的金佛、云海、日出、佛光、圣灯等自然与人文奇观都集中在这个区域。主要景点有金佛金顶、华藏寺、雷洞坪、金刚嘴、接引殿、卧云庵等历史人文景观，有日出、云海、佛光、圣灯和桫椤鹃海等自然景观。

金顶金佛。峨眉山金顶四面十方普贤金像，是目前世界上最高最大的金佛，也是第一个十方普贤的艺术造型。金佛是铜铸鎏金工艺佛像造像，通高48米，总重量达660吨，设计完美，工艺流畅，堪称铜铸巨佛的旷世之作，具有很高的文化价值和观赏审美价值。金佛通高48米，源自佛经中"四十八愿度众生"，意喻着阿弥陀佛普度众生的四十八大愿。"十方"一是意喻普贤十大行愿，二是象征佛教中的十个方位。典雅的普贤端坐在白象和莲花座台上，四方云雾飘浮缭绕着佛身，当太阳的霞光照在佛像的宝顶上时，祥光瑞气从金佛身上反射出来，为云海镶上了瑰丽的金边，震撼着芸芸众生的心灵，引来善男信女顶礼膜拜。

华藏寺。华藏寺位于峨眉山金顶主峰，海拔高度3077米，是金顶、十方普贤、卧云禅院的总称。始建于东汉，明代时在殿后最高处建了普贤殿，殿顶鎏金，又称金顶，金顶所在的山峰也因此得名。华藏寺是全国重点寺庙，总建筑面积为1614平方米。传统寺院的主殿为大雄宝殿，而在金顶上，高达48米的十方普贤正面像对着大雄宝殿，这是峨眉山作为普贤菩萨道场的特征。华藏寺有三殿。第一殿是弥勒殿，殿内供奉铜铸弥勒佛像，背后是韦驮铜像，还有三足铜鼎和明代的铜碑等文物。第二殿是大雄宝殿，殿中供奉着铜质金身的三身佛，还有铜钟等法器以及铜铸像、铜普贤像等佛教文物。第三殿是普贤殿，即金殿，是峨眉山最高的殿堂，殿内供奉普贤骑象铜像。华藏寺内文物众多，显示出金顶厚重的佛教历史文化底蕴。

峨眉日出。在海拔3077米的峨眉山金顶，居高望远，可观看到浩瀚壮阔的日出景象。在日出时的金顶，可看到很多风景。东面的千山万岭像一座座山水小盆景。峨眉平原上的青衣江、大渡河好像两条白练环绕期间。东北和西面，能看到大小瓦屋山和银装素裹的大雪山。

峨眉云海。峨眉山高低悬殊2千多米，云层多在海拔1至2千米之间。所以，云海在洗象池往上的地方，一年四季都能见到。到了金顶，云在脚下，下了仙峰寺，云在头上，在华严顶，人在云中，神奇而壮观。片片浮云像大海波涛，席卷整个大地，波澜壮阔，规模浩大。在日出和日落时，偶尔还可以看见彩色云海，非常美丽。

峨眉佛光。金顶是观佛光的最佳地点。日出时，站在金顶舍身岩上俯身下望，阳光从观察者背后照射到云海上，深厚的云层把阳光反射回来，经过浅层云的云滴或雾粒的衍射分化，形成了一个浮在云上的巨大彩色光环，无论多少人在看，人们所见的也只是看到自己的影子，且"光环随人动，人影在环中"，这便是令人惊奇的峨眉佛光。

峨眉圣灯。圣灯又名佛灯，在金顶无月的黑夜，舍身岩下常出现飘浮的绿色光团，从一点、两点形成千万点，似繁星闪烁跳跃，在黑暗的山谷中飘忽不定。要看圣灯得具备四个自然条件，山下雨后初晴，天上没有月光，山下没有云雾，山顶没有大风大雨，所以比佛光更难一见。

雷洞烟云。白云亭至接引殿之间，山势险峻、山路弯曲，细雨常见，迷蒙的烟云从万丈深沟中袅袅升起，随着山风不停地摇荡，幻变着千种风情，是峨眉山高寒地带一大气象景观。传说此地只能静观，绝不能高声嬉笑，否则会触怒雷神，霹雳会从岩下而起。

桫椤鹃海。桫椤坪与雷洞坪是峨眉山杜鹃的分布中心地，汇集了全山近三分之一的杜鹃品种。从初春到仲夏，桫椤坪各种杜鹃花，先后绽放，姹紫嫣红，各显风韵，一团团，一簇簇，组成一个个花球，一株株花树，一座座花坪，汇聚成美丽的花海，好像一座座空中花园，置身其间，自己也仿佛幻化成了"花仙"。

接引殿。该殿建筑布局坐东朝西，四合院布局，三重殿宇，由前殿（弥勒殿）、中殿（大雄宝殿）、后殿（弥陀宝殿）组成。因为地处高山景区，视野广阔，冷杉成片，气势磅礴，可观云海、佛光，风物壮丽。著名国画家张大千曾在该寺留居多日，创作了许多传世佳作。

◎ 乐山大佛景区

——世界文化与自然遗产、国家5A级旅游景区、国家级风景名胜区，曾入选中国旅游胜地四十佳。

乐山大佛景区位于乐山市市中区，地处岷江、大渡河和青衣江三江汇流处，景区面积17.88平方千米，由凌云山、乌尤山、马鞍山在内的景观组成，此外还有三江汇流、凤洲夕照、龙泓古口等胜景。景区依山傍水，风光旖旎，人文景观和自然景观和谐统一，自古就是来乐山旅游的必游之地。

乐山大佛。 乐山大佛是世界上最大的石刻弥勒佛坐像。它是唐代摩崖造像中的艺术精品之一，是全国重点文物保护单位，也是乐山大佛景区的核心景观。大佛是唐代依山凿成，头与山齐，足踏三江，临江危坐，双手抚膝，体态匀称，神势肃穆。佛通高71米，头高14.7米，发髻1051个，从膝盖到脚背28米，脚面可围坐百人以上。在大佛左右两侧沿江崖壁上，还有两尊身高18余米，手持戈戟、身着战袍的护法武士石刻造像以及数百龛上千尊石刻造像，组成了庞大的佛教石刻艺术群。乐山大佛有一套设计巧妙，隐而不见的排水系统，这些水沟和洞穴，组成了科学的排水、隔湿和通风系统，防止了大佛被侵蚀和风化。沿大佛右侧的九曲栈道可直接到达大佛的底部，栈道沿着佛像的右侧绝壁开凿而成，奇陡无比，曲折九转。在此抬头仰望大佛，会有仰之弥高的感觉。坐像左侧有一条凌云栈道，为上行栈道。从大佛九曲栈道、腿臂胸和脚背上残存的许多柱础和桩洞，证明确曾有过大佛阁。南宋重建，称为"天宁阁"，后被毁坏。

凌云山。即乐山大佛所在山，山脚三江汇流，山上有集凤、栖鸾、灵宝等九个山峰，也称九顶山。山上峰峦叠嶂，山势错落，气势磅礴。除了乐山大佛外，还有凌云寺、九曲栈道、东坡楼、海师洞、灵宝塔、碑林、月榭、宋元三龟九顶城等名胜景点。凌云寺位于凌云山顶，建于唐代，明、清两代进行过整修。寺庙是由天王殿、大雄宝殿、藏经楼组成的三重四合院建筑，丹墙碧瓦，绿树掩映，九峰环抱，寺宇辉煌。灵宝塔建于唐宋时期，是全国重点文物保护单位。灵宝塔塔高38米，塔形呈密檐式四方锥体，砖砌而成，塔顶为四角攒尖式。灵宝塔每级都开有窗眼，既可采光，又能供游人四处眺望。登临塔顶，视野开阔，东面山峦叠嶂，气势雄伟；南面可见藏经楼、东坡楼；西面江水好像从天而降；北面可鸟瞰乐山全城。东坡楼原是明末奸臣魏忠贤的生祠，后人为纪念宋代文学家苏轼（号东坡居士）而改建，改建后成为历代文人墨客喜欢游览的地方，是凌云山著名古迹之一。

乌尤山。又称"离堆"，是全国重点文物保护单位。秦蜀守李冰主持下开凿的水利工程遗址，因其四面环水，犹如飘在水面，故称"离堆"，也有人称"青衣别岛"。乌尤山总面积236.7亩，与凌云山相距约500米，由濠上大桥把两山相连为一体，山上树林葱茏，风景幽雅，清代张问陶有诗赞美"凌云西岸古嘉州，江水潺潺绕郭流。绿影一堆漂不去，推船三面看乌尤"。除千年名刹乌尤寺以外，还有旷怡亭、尔雅台、景云亭、结茅亭等众多名胜古迹。乌尤寺在乌尤山顶，修建于唐代，现存庙宇是清以后的建筑，寺中保存完整的殿宇有天王殿、弥陀殿、大雄殿、观音殿、乌尤殿等，是四川省内保存较完整的寺庙，也是全国重点寺庙之一。寺中的尔雅台是汉代文学家郭舍人注释《尔雅》（我国最早的解释词义的专著）的地方，尔雅台左侧临江绝壁凿有"中流砥柱"四个字，是明朝嘉靖年间乐山人彭汝实所书，寺中还有罗汉堂等许多楼台殿宇，绿瓦红墙，掩映其间，是乌尤山著名古迹之一、历代名人留下了不少关于它的诗文。

巨型睡佛。巨型睡佛佛头、佛身、佛足由乌尤山、凌云山和龟城山联缀而成，四肢齐全，体态匀称，面目清秀。巨型睡佛头南朝北，乌尤山为"佛头"，景云亭如同"睫毛"，山顶各树冠各为"额、鼻、嘴"等，惟妙惟肖，凌云山栖鸾、集凤两峰为"佛胸"，灵宝峰是"腹和大腿"。乐山大佛位于睡佛"胸"内，意思是"心中有佛"，形成了"佛"中有佛的人文与自然融合的奇观。巨型睡佛是1989年广东顺德农民潘鸿忠发现的，他在游览乐山大佛后，用相机拍摄了一张凌云山、乌尤山的全景照，后发现这张照片中隐藏着睡佛。巨型睡佛景观不是随处可见，观赏这个景点的最佳点在乐山古城东迎春门码头一带。在此处往南眺望，"巨佛"均可尽收眼底。那巨大的身影，与嘉州山水浑然一体，给前来游玩的人们以美的享受和文化的熏陶。

东方佛都。东方佛都是国家4A级景区，与乐山大佛同在凌云山，于1994年建成，是集雕塑艺术、园林艺术为一体的佛文化景区。景区内的上万尊佛像，有依山取势建成的170米的世上最大睡佛，有气势恢宏的万佛洞，有三面青峰环抱的大佛湾，有栩栩如生的北魏、唐代至宋代的佛雕墙，有东南亚佛像荟萃的佛像群。这些佛像都是四川美院的教授们雕刻的，它既承传了华夏古人摩崖造像的传统技艺，又弥补了乐山大佛形单影只的不足，得到了中外不少著名专家的称赞。景区香樟成林，曲径通幽，亭榭有致，保留了原始的自然景观，再现了唐代凌云九峰的风貌。

麻浩崖墓。麻浩崖墓是全国重点文物保护单位。崖墓是汉代流行于四川的一种墓葬形式。乐山汉代崖墓主要分布在岷江、青衣江、大渡河沿岸和浅山谷的崖壁上，数以万计，数量多、规模大，石刻丰富。麻浩崖墓是乐山崖墓群中最集中、最有代表性的墓葬群。在长约200米、宽约25米的范围内有崖墓330座，墓门披连，密如蜂房，极为壮观。麻浩崖墓中保存着许多以汉代建筑、车马伎乐、鸟兽虫鱼图和神话故事为题材的石刻，图像雕刻精美，是研究古代社会政治、经济、文化、历史的重要实物资料。距离麻浩崖墓不远处，是很有特色的麻浩渔村。整个渔村建筑是穿斗木结构，镂花门窗，石板铺地，青瓦覆顶，渔村里面的商铺就在"船"内，形成了"船是一条街，街是一条船"的奇妙景观，也是游人餐饮购物、品茗休息的地方。

此外，乐山大佛景区还有三江汇流、凤洲夕照和龙泓古口等风光。景区地处三江汇流处，水域宽阔，站在凌云山、乌尤山或龟城山上远远眺望，三江水面时而出现飞鸟，时而看到游轮或快艇，形成水、山、城连为一体，山为水影，水为山光，城为水抱的美丽景观。凤洲岛是大渡河与青衣江会合后因河道分割所形成的河心洲坝，宽约1千米，长约3千米，清代就已列入嘉州十景之一，傍晚时分，夕阳晚霞撒在水面上，形成一幅如画的风景，被称为"凤洲夕照"。龙泓山地处岷江东岸，《嘉定府志》称其为"九龙山"，源自唐代此山岩上有九龙壁；称其为龙泓山，源自山间有一泉，天旱不涸。多年的封山育林，森林得以保护，其苍翠秀美的自然风光仍存。

◎ 东风堰
—— 中国首批世界灌溉工程遗产之一

东风堰水利灌溉工程位于夹江县境内，是继乐山大佛、峨眉山之后的乐山市第三处世界遗产，也是一座以农业灌溉为主，兼有城市防洪、发电及城乡工业、生活供水，城市环保功能的水利工程。灌溉工程流经的千佛岩摩崖造像，是国家级重点文物保护单位，两者构成青衣江畔动静相宜的和谐优美景观。

东风堰。东风堰原名八小堰，修建于明代天顺年间，与市街堰同引青衣江水，在今漹城镇谢滩村分沟，流经县城，灌溉今姚桥社区、工农社区、新华村、何村及甘霖镇大石桥村的农田400多公顷。清光绪二十六年（1900年），八小堰更名龙头堰，市街堰更名永丰堰。民国19年（1930年），龙头堰堰头迁至迎江乡石骨坡，后灌溉面积增至2866.67公顷。1967年，龙头堰改名东风堰。1973年10月，堰头再迁至迎江公社五里渡，灌溉面积增至4320公顷。并成为以农业灌溉为主，兼有县城防洪、发电、城乡工业供水、城市环保为一体的水利工程。2014年9月16日，东风堰被第22届国际灌溉排水委员会授牌为首批世界灌溉工程遗产。

千佛岩摩崖造像。县境漹城镇千佛村千佛岩1000多米的峭壁上有唐代至民国时期的摩崖造像271龛，佛像4000多尊。千佛岩摩岩造像有三类，第一类有弥勒佛、阿弥陀佛和毗沙门大王等30余龛，第二类为观音和地藏40余龛，第三类为净土变、维摩诘变、华严经变等。1970年，县建工厂开山取石，损毁部分造像，尚存造像162龛，佛像2470尊。1956年，千佛岩摩崖造像被公布为省级重点文物保护单位，2006年5月25日，千佛崖石窟被国务院公布为国家级重点文物保护单位。

◎ 峨边黑竹沟景区

——国家4A级旅游景区、国家级森林公园、国家级自然保护区、省级风景名胜区，被誉为"中国百慕大""世界迷都""森林氧吧"。

峨边黑竹沟位于峨边彝族自治县境内，面积575平方千米，是目前国内保存最完整、最原始的生态群落之一，也是集动植物景观、峰林景观、地质景观、天象景观、水系景观、与人文景观于一体的综合性山岳风景名胜区。

峨边黑竹沟景区地处四川盆地向青藏高原和云贵高原之间的过渡地带，在地质作用下，形成了黑竹沟特有的地貌特征。景区内峰峦叠嶂，溪涧幽深，迷雾缭绕，湖光山色相映成趣，大小瀑布、深潭溪流不胜枚举，云海、佛光、日出四季可见，形成黑竹沟景区独特的生态景观。又因种种神秘的传说和诸多离奇的事件，被人们称为"中国百慕大"。加之奇险秀丽的风光，古朴原始的彝族风情，吸引着为数众多的由摄影家、科学家组成的考察队深入其中探险揭秘。前去开展户外运动、探秘探险、观光休闲、康养健身的人越来越多。

黑竹沟景区分为：彝族人家景区、荣宏得景区、神秘谷景区、特克马鞍山景区、涡罗挖曲景区、罗索依达景区、杜鹃池景区、挖黑罗豁景区，共八大景区。其中，彝族人家景区以彝乡民俗风情为游赏主题，以彝族村寨、田园风光为主要景观。荣宏得景区以休闲游览为游赏主题，以高山草甸、漏斗群、原始森林为主要景观。神秘谷景区以探秘探险为游览主题，以峡谷溪涧、地磁异象、原始森林、险峻山峰为主要景观。特克马鞍山景区以登高览胜为游赏主题，以险峻山峰、高山杜鹃、原始森林、奇异天象为主要景观。涡罗挖曲景区以喀斯特风光览胜为游赏主题，以喀斯特峰丛、峡谷溪涧、原始森林、高山草甸为主要景观特征。罗索依达景区以科考探秘探险为游赏主题，地磁异象、神话传说、峡谷溪涧、原生植被为主要景观特征。杜鹃池景区以甘莫阿妞文化体验、森林康养为游赏主题，以高山湖泊、高山杜鹃、原始森林为主要景观特征。挖黑罗豁景区以登高览胜为游赏主题，以高山草甸、万亩杜鹃、高山云海为主要景观特征。

◎ 嘉阳·桫椤湖景区

——国家4A级旅游景区、国家级湿地公园、国家矿山公园、中国桫椤之乡

嘉阳·桫椤湖景区位于犍为县境内，面积约50平方千米。其中，桫椤湖水域面积2平方千米。景区内旅游资源丰富，自然风光和人文景观相得益彰，有世界上唯一仍在运行的客运蒸汽窄轨小火车、观光煤矿遗址黄村井、工业古镇芭蕉沟等人文景观，有河号子、山歌、赶场等民俗风情，有同兴桫椤湖、万亩桫椤林等自然景观，是集生态观光、

文化体验为一体的综合型旅游景区。

嘉阳小火车。 嘉阳小火车是第一次工业革命的产物，因它具有的四大特点（轨距最窄762毫米，仅长19.48千米却有109处弯道，坡度达36.14‰，保留了蒸汽时代最原始的手动操作方式），被称作"工业革命活化石""工业革命的绝版景观"。科技进步，使干净、快捷、舒适的内燃机车和电气机车替代了在铁道上运行了几百年的蒸汽机车。嘉阳小火车环山而建，沿途层峦叠嶂、风光旖旎，景色随四季变化而变化，春天油菜花生机勃勃、夏天秧苗满眼青翠、秋天稻谷金黄耀眼、冬天梯田波光粼粼。加上沿线村落点缀，更显得古朴宁静。主要景点有亮水沱、黄村站、芭蕉沟。亮水沱景点最突出的特点是小火车要在此处为游客表演蒸汽机车喷汽——金黄灿烂的油菜花丛中，古老的蒸汽机车拉响传统的蒸汽汽笛，喷着白色的蒸汽逶迤而来，仿佛让人重新回到第一次工业革命时期，真切感受古老的工业文明。黄村站是嘉阳小火车最后一个站点，嘉阳煤矿是新中国成立后开办的第一口矿井，1986年结束开采，后被打造成为真实观光体验矿井，专门供游客下到百米井巷探险体验。芭蕉沟是嘉阳·桫椤湖旅游环线的重要组成部分，它是嘉阳的矿区的"摇篮"，遗留下来的独特的中、英、苏式房屋和新建的嘉阳国家矿山博物馆等景点相映成趣，穿行其间仿佛让人穿越时空回到了从前。

同兴桫椤湖。 桫椤湖位于犍为县西南方向，景区面积25平方千米，水域面积200公顷，纵向流域21.5千米，水势平缓，有"高峡出平湖"的特点，主要包括马边河下游水域景区，同兴乡青龙沟、蒙自沟，板板桥原始桫椤林等景点。景区内植被良好，处处危岩峭壁，瀑布飞泻，湖光山色，生态环境绝佳。沿湖岸边及深沟峡谷生长有上千种植物种类、千亩翠竹数十万株桫椤树。这些遍布景区的原生态桫椤树，其数量之多（60余万株）、树形之多（有罕见的"八头桫椤""四头桫椤""马头桫椤""姊妹相依""兄弟情深""夫妻合欢"等奇特植株）、植株之高（桫椤王树高11.3米），国内罕见，被中国野生植物保护协会授予"中国桫椤之乡"称号。桫椤湖清新的空气，拥有原生态的自然风光、尘器之外的宁静与悠闲，是一片休闲养生的好去处。

◎ 郭沫若故居
——全国重点文物保护单位、国家4A级景区、省级爱国主义教育基地、青少年革命传统教育基地

乐山市沙湾郭沫若故居旅游景区位于乐山市沙湾区文豪路中段，包括乐山郭沫若故居、郭沫若纪念馆、沫若文化苑三部分。

郭沫若故居。郭沫若故居是郭沫若诞生和少年时代学习和生活的地方，是一座四进三井穿斗木结构小青瓦平房。故居始建于清嘉庆年间，占地面积3260平方米，建筑面积1108平方米，有大小房间36间。集居室、商铺、家塾、园林于一体，至今保留古朴风貌。后花园中，有郭沫若四岁半时接受启蒙教育的"绥山山馆"家塾。1980年修复并对外开放，同年7月，郭沫若故居经四川省人民政府批准为省级文物保护单位。1994年和1995年，郭沫若故居先后被列为四川省青少年革命传统教育基地和爱国主义教育基地。2006年5月被国务院公布为"全国重点文物保护单位"。2013年7月郭沫若故居成功创建为国家4A级旅游景区。2014年8月被授予四川省国防教育基地，11月被命名为四川省中共党史教育基地。2017年5月被四川省省委统战部命名为第二批"四川统一战线中国特色社会主义教育基地"。2018年8月被四川省教育厅命名为第一批"四川省中小学生研究教育基地"，9月被四川省关心下一代工作委员会命名为"四川省青少年社会实践教育基地"，11月被中共四川省纪委、四川省监察委员会、中共四川省委宣传部命名为"四川省廉洁文化基地"。

郭沫若纪念馆。郭沫若纪念馆建成于2012年10月。工程建设布展

总投资3863万元，占地面积6056平方米，建筑面积3698平方米，陈列布展面积2200平方米。郭沫若纪念馆以抽象传意为设计理念来表达传统川西民间的建筑意象氛围，以场景雕塑、多媒体、动漫等展陈方式，全方位、多角度地展示郭沫若在文学艺术、历史考古、思想文化、科学教育、社会活动等领域的卓越成就及其波澜壮阔的传奇人生。

沫若文化苑。 沫若文化苑建成于2012年10月，工程总投资1980万元，占地面积14980平方米，建筑面积1732平方米，是沫若文化主题公园，乐山郭沫若故居和郭沫若纪念馆内涵和外延的补充。它以巍峨葱郁的绥山为背景，营造郭沫若少年成长的环境。苑内点缀本地域野外文物，如石狮、石象等，展现地方乡土文化底蕴。植物配置以乡土树种为主，以郭沫若生平不同时期所在地的典型植物为元素，疏密适当，高低错落，以四季不同花色的花灌木进行搭配，通过季相设计，配以休闲茶园、长廊、商铺，营造四季有景、层次丰富、景致宜人的公园环境。

◎ 大渡河金口大峡谷景区
——国家地质公园、国家级水利风景区、国家3A级旅游景区

位于乐山市金口河区境内，是四川大渡河峡谷金口河段。景区由大渡河大峡谷、金口河铁道兵博物馆、成昆铁路关村坝火车站、大峡谷标志碑、大渡河峡谷、连心桥、丁木沟山地体验区等景点组成。游览期间，可感受鬼斧神工的壮美峡谷风光，体验催人奋进的铁道兵精神。

大渡河金口大峡谷。 四川大渡河峡谷西起汉源县乌斯河，东至金口河，长26千米，谷宽不足200米，最窄处仅70米，比号称世界最窄大峡谷——虎跳峡还窄。其峡谷连续完整的长度和险峻壮丽的程度世所罕见，是四川境内距离大城市最近、最长的峡谷景观。

德国科学家、生态学博士豪格尔·帕奇称赞大渡河金口大峡谷极

具观赏和科考价值，几乎可以与美国科罗拉多大峡谷相提并论；2001年被列为国家地质公园，2005年被《中国国家地理》评为"中国最美的十大峡谷"；2015年被列为国家水利风景区。大渡河金口大峡谷景区集峡谷地貌、地层古生物、奇峰、急流、文化古迹、珍稀动植物于一体，构成高品位、高质量的旅游资源组合。举目远眺，大峡谷如一巨大地缝，向远处蜿蜒而去，气势雄伟，秀丽壮观，峡谷两岸斧劈刀削，奇峰怪石层出不穷，河流山川纵横交错，蔚为壮观。从谷底向上整齐排列，俨然一部形象完整的地质天书，记录了十多亿年来地壳运动的沧桑巨变和生物演化的历史进程。峡谷两岸奇峰突起，危岩耸立，苍莽的原始森林云雾缭绕、苍翠欲滴，深藏于峡谷中的瀑布千姿百态、让人叹为观止，各种山花野草争奇斗艳，形成一道道绚丽的风景，自然情韵雅致不凡。从半山腰看下去，大渡河水是清澈柔美的，然而下到谷底，温柔的河水变成不羁狂野的野马，在山间奔腾咆哮，发出阵阵怒吼；抬头仰望天空，发现天空又聚为一线。主要有"老苍""白熊"等人迹罕至的深沟，"情人谷""卧牛潭""石鼓瀑"等景点。

金口河铁道兵博物馆。金口河铁道兵博物馆是一座以革命传统教育为内容，以铁道兵为纪念主题的博物馆，2012年6月正式对外免费开放，是省级爱国主义教育基地、四川省国防教育基地、乐山市哲学社会科学普及基地。开国上将、原全国政协原副主席、原铁道兵政委吕正操亲笔为其题写了馆名。博物馆建筑面积2330平方米，占地约10亩，分为铁道兵主展馆和成昆铁路纪念碑广场两个区域，收藏铁道老兵珍贵历史照片300余张，生产工具、生活用品、书籍、证章、影像资料等铁道兵文物680件，完整地记录了铁道兵部队从解放战争、抗美援朝、抗美援越，到和平时期所走过的光辉历程，再现老一辈革命家和建设者在成昆铁路等全国铁路建设中"逢山凿路、遇水架桥"的宏伟场面和艰苦创业的精神，是集收藏、研究、宣传、教育等功能于一体的专题历史博物馆。

◎ 大瓦山国家湿地公园

——国家级水利风景区、国家湿地公园，也被誉为"诺亚方舟""自然生态博物馆"和"野生动植物基因库"

四川大瓦山景区（大瓦山国家湿地公园）位于乐山市金口河区永胜乡，地处四川盆地西南边缘，总面积2812.2公顷。2011年被列入国家湿地公园。区域内既有高山天然湖泊，又有泥炭沼泽，湿地景观丰富，水生物发育良好，动植物群落多样，是众多鸟类、爬行类、哺乳类、两栖类及无脊椎动物栖息繁殖的家园，具有显著的生态和美学价值。因此被誉为"自然生态博物馆"和"野生动植物基因库"。

远望大瓦山，如空中楼阁，又如重叠的瓦片覆盖在云层之上，景色奇绝，极其壮观，与国家森林公园瓦屋山、世界自然与文化遗产峨眉山并称为"蜀中三绝"。早在100多年前，美国探险家科尔·贝伯尔和英国植物学家威尔逊就曾先后登上大瓦山。科尔·贝伯尔1878年登上大瓦山，认为大瓦山"美得无法用语言形容"。威尔逊在他所著的《一个植物学家在华西》一书中写道："从峨眉山顶望去，瓦山像一只巨大的诺亚方舟，船舷高耸在云海之中，堪称世间最具魔力的天然公园"。

大瓦山东面分布着"五大天池"，由围绕大瓦山脚的大天池、干池、小天池、高粱池和鱼池五大相连的高山天然湖泊组成，池中水色清秀，波光粼粼，池水常年不满不溢，尤其是水中常年没有漂浮物，即便有残枝败叶落入，也会被飞鸟衔走。"五大天池"与其他高山湖泊不同的是，池水看上去是黑色的，而舀起来看却又非常清澈。有关地质专家称，这些天池很可能是地震后形成的。湿地上长满了各种各样的野花，特别是一种大渡河大峡谷特有的报春花，当地人称"转转花"，初夏时节，漫山遍野一片火红，非常漂亮。

景区内有抗日战争运输大动脉——乐西公路"蓑衣岭"段，这段路线是全线公路工程最艰巨，气候环境最恶劣、施工条件最差、粮食药品补给最困难、死亡人数最多的一段路。通往大瓦山的路十分辛苦，由于绝壁环立，许多地段仅容一人小心通过。尽管路途艰险，但沿途风光却十分迷人，从天而降的瀑布、郁郁葱葱的原始森林，会让你暂时忘记危险。登上山顶，峨眉山、贡嘎山、瓦屋山尽收眼底，更有那朝晖落霞、云海雾涛，让你饱览秀美景色。

◎ 犍为文庙
——全国文物重点保护单位、国家3A级景区

犍为文庙位于犍为县玉津镇，是全国重点文物保护单位，国家3A级旅游景区。犍为文庙始建于北宋，重建于明代洪武四年，迄今已有600多年历史，占地24000平方米，规模宏大，富丽堂皇，在全国现存文庙中，规模居全国第四，四川第一。紧傍文庙东南侧，有建于清代的节孝坊和奎阁，如众星拱月，构成了"一庙一坊一阁"的古建筑群，富有特色，具有较高的历史价值、艺术价值、科学价值。

文庙龙凤木雕，撑弓斗拱，图像八面玲珑，结构壮美传神，被称为"犍为故宫"。文庙坐北向南构成一条中轴线，自南端始，万仞宫墙、灵星门、泮池、大成门、燎台、大成殿、启圣宫依次排列在中轴线上，贤关、圣域、礼门、义路、东庑、西庑等左右对称布局。整体建筑结构和艺术风格特色突出。特别是大成门屋面之上，叠建"天开文运"黄瓦飞檐，构造独特。其三重檐牌楼式建筑是我国古代建筑史上绝无仅有的奇葩，受到中外建筑专家的青睐。此外，大成殿拥有的全龙木雕撑拱，在四川绝无仅有；大成殿28根木柱柱础硬石深浮雕川内少见；燎台（九台）上160只形态各异的蝙蝠护栏雕饰为石雕一绝。这些特色使犍为文庙极富文物价值和旅游观光价值。

◎ 大佛禅院

——国家4A级旅游景区、亚洲最大的佛教文化旅游区之一

峨眉山大佛禅院4A级旅游景区位于峨眉山市佛光南路，包括峨眉象城和峨眉山大佛禅院，是亚洲最大的佛教文化旅游区之一。

大佛禅院占地面积660亩，由三大体系构成，核心部分是寺院体系、中部是园林体系、南面为慈善服务中心。

北部的寺院体系，东接象城，西止光明山，坐西向东。沿中轴线依次由排列着山门殿（孔雀明王殿）、弥勒殿、地藏殿、药师殿、伽蓝殿、文殊殿、观音殿、普贤殿、大雄宝殿、藏经楼，共九进十重大殿。整个寺院建筑群基调为明清风格，兼有"盛唐雄风"。寺院体系高低落差33米，依地势升高，层层递进，倚叠如山，从钟、鼓楼起，有北、南长廊沿山势而上，至藏经楼止，廊腰缦回，檐牙高啄，并将诸殿相连，融寺院于一体。

中部的园林体系，依地势高低从西至东次第排列着造型各异的圆觉莲池、等觉莲池、妙觉莲池。从国学广场向东，有菩提大道直通行愿广场。行愿广场位于等觉莲池东，面积一万余平方米。广场西有如意法宝塔，塔两侧竖十根普贤行愿柱，上刻普贤菩萨十大愿。寺院从西门到东门有一条下穿通道，两面经墙分别印《金刚经》《普贤行愿品》，此经墙或为当世最长之经墙，经此道者必得佛菩萨加持，故此通道称加持大道。

◎ 夹江天福观光茶园

——国家4A级风景区、首批全国工农业旅游示范点

夹江天福观光茶园位于成乐高速公路夹江服务区，园区面积380亩，是国家4A级旅游景区和首批全国农业旅游示范点。夹江天福观光

茶园采用园林式设计建设，里面亭台楼阁、流泉飞瀑、绿草如茵、茶香四溢，将人文景观与现代化的功能设施相结合，演绎出天福茶园的独特魅力。夹江天福观光茶园主要分为三大部分：一是高速公路服务区，服务区内设有餐厅、加油站、商场、茶庄等设施，以天福茗茶连锁店"奉茶"精神和服务水准，为旅客提供卫生、安全、优质的旅途服务。二是茶博物馆，观光园内建有茶博物馆，是目前世界最大茶博物院——天福茶博物院的第一分馆。馆内通过实物、场景、蜡像、模型、灯箱、展板等载体，借助现代化声光设备，生动展示了茶的历史，中国茶事，世界茶事，巴蜀茶文化等内容，整个茶博物馆布局精巧紧凑，环境舒心高雅。三是品尝各地好茶，观光园区设置有茶道教室，在这里可以欣赏到不同民族、朝代的饮茶风情及茶艺表演，同时品尝各地好茶，茶艺师精湛、熟练的茶道茶艺表演给人留下难忘的记忆。

◎ 乌木文化博览苑
—— 国家4A级旅游景区

乐山乌木文化博览苑景区位于世界文化与自然双遗产峨眉山—乐山大佛绿色旅游通道的苏稽古镇，距乐山大佛18千米，距峨眉山19千米，是一座以乌木雕刻艺术为主要内容，集乌木收藏、雕刻艺术研究、展示以及品味古嘉州历史文化为一体的专题性博览苑。目前已是国家4A级旅游景区、四川省科教基地、国家文化产业示范基地。

整个景区场馆面积达20000平方米，由乌木遗址馆、乌木博物馆、古嘉州历史文化馆以及民俗文化馆等七大主题展馆组成。其将乌木雕刻艺术与中国传统文化、民俗文化、古典名著和历史文化等相结合，打造出千余件乌木艺术珍品。同时，利用声光电以及多媒体、3D幻影成像等科技手段展现乌木的形成过程，堪称"天之灵绝、地之珍绝、人之意绝"。

乐山乌木文化博览苑将乌木这种远古原始森林的自然遗存，古代四川最重要的生态文化遗产，这种藏之地心、不易发现、不可复制的稀世珍宝第一次列入华堂，第一次以世界最大规模、以一种从未有过的宏大气势展现在世人面前，成就了中国乃至世界上最大的乌木艺术收藏陈列馆。其以独特的资源品位和深厚的艺术魅力为您开启一段奇特的、梦幻般的神秘之旅。

◎ 仙芝竹尖生态园旅游景区
　　——国家4A级旅游景区

　　仙芝竹尖生态园位于峨眉山市东郊，占地面积270余亩。整个生态园区秉承"人文生态禅茶一珠"的建园理念，在保持原有生态环境的基础上，与四周自然环境高度融合。景区分为大熊猫馆、恐龙化石博物馆、海啸水上乐园、茶叶生产观光区等。大熊猫馆设有大熊猫室内活动展馆和室外活动展馆，馆外活动场有水池、攀爬木等大熊猫玩乐设施，游人可以在这里观看大熊猫的一举一动，妙趣横生。恐龙博物馆分室外引路仿真区、恐龙化石骨架展览区、仿生恐龙展览区、游乐区和恐龙科普知识放映厅5大区域。海啸水上乐园，包括儿童水寨、海啸池、六并列滑道、浪摆滑道、旋涡缸等六大主体设施，是乐山市综合设施较为齐全的水上乐园，也是乐山首家大型户外水上主题乐园。茶叶生产观光区，包括6000亩国家级无公害茶叶基地——黑包山茶场、茶文化休闲中心和日生产加二有机名茶鲜叶8吨、日生产成品有机茶2吨、年产值近2亿元的国际标准有机茶生产线。

◎ 沐川桃源山居
　　——国家4A级旅游景区，省级"重点公园"

　　沐川桃源山居位于沐川县沐溪镇，与沐川城区隔河（沐溪河）相望，核心区域约2500亩，涉及农户200余户、农民800余人。主要有农耕博物馆、沐川竹编、风雨广场等乡村风格景观点，以及开心农场、大型山水实景剧《乌蒙沐歌》、青年客栈等娱乐项目和配套设施。梨花、樱花及各色植物宁静美丽，与乡村建筑相得益彰。村内地势平缓，山林葱郁，泉鸣溪清，突出"原生态"，展现"农家味"，是四川省环境优美示范村庄。村内的农耕文化博物馆占地500平方米，建筑面积1000余平方米，馆内1000余件藏品堪称沐川农耕文化发展的"百科全书"，与村民传统的农耕生产生活方式相互呼应，被评为川西南地区唯一的"四川省哲学社会科学普及基地之农耕文化社科普及基地"。围绕农耕文化打造的"天地人和"节气广场、"春夏秋冬"四季长廊，惜时园，风雨广场等景观因地制宜，当地民居采用川西南地区干栏式穿斗木结构结合青砖、灰瓦、白墙、木窗、木篱的形式，依山傍水，错落有致，形成了"家、院、村"的传统民居建筑形态，人文景观和自然景观相互协调。占地100平方米的竹编产品展示厅，集产品展示和现场竹编工艺展示为一体，景区内还收录沐川草龙、底堡旱船、幸福牛灯、幸福喔山号、高笋莲箫、沐川薅草山歌、黄丹边河号子、利店龙灯、武圣狮灯、新凡高跷等非物质文化遗产，成为展示沐川特色文化的重要基地。村内保留的自然林和湿地里，白鹳、杜鹃、画眉、竹鸡、斑鸠、山雀等二十余种野生鸟类与花木果园、竹林小径、湿地观瀑、荷塘月色、叠水丛峦、田园踏青、银杏迎宾、桃林春色、梨园争俏等生态景观和谐共存，相映成趣。

◎ 四川旅博天地
—— 国家4A级旅游景区

四川旅博天地位于峨眉山市胜利镇，处在乐山—峨眉山精品旅游路线上，占地约600亩，是集文化、旅游、会展及城市商业形态为一体的复合型综合景区。景区由旅博中心、旅博广场、旅博购物中心——水晶广场、旅博风情街、旅博公园、东湖湿地公园以及规划中的翡丽湖湾组成，吃、住、行、游、购、娱等配套功能完善。旅博中心是乐山峨眉地区会展、旅游展览交易以及文化交流的中心，也是四川省国际旅游交易博览会永久场馆，建筑风格大气而朴实，茶博会、武术节等大型文化展会都在此举办。景区的东湖湿地公园是一处300亩水体和500多亩陆地景观带相结合的公园，这个公园不仅展示峨眉山风土人情，还改善了城市生态环境，更重要的是提升了城市的整体形象和旅游价值。水晶广场拥有超市、百货、主题酒店等较为完整的商业体系，很好地服务了市民和游客。旅博风情街设有竹编工艺美术馆、国学馆、文创体验馆等特色展馆。四川旅博天地完善的吃、住、行、游、购、娱等配套功能，满足了游客、市民一站式游憩、休闲、娱乐、购物等需求，吸引了大量游客前来观光旅游。

◎ 沙湾美女峰
——国家级森林公园、四川省风景名胜区

　　沙湾美女峰距沙湾区城南16千米，面积13.4平方公里，最高海拔2027米，1996年被四川省人民政府批准为省级风景名胜区。2001年被国家林业局批准为国家级森林公园。美女峰是峨眉山脉第三峰（俗称三峨山）。因其山形很像一位长发拖地，乳峰高耸，仰卧大渡河边的美女，所以被称作"美女峰"，也被郭沫若誉为"睡美人"。景区石林丰富，形态各异，有自然天成的百余尊形态各异的人物、鸟兽、花卉等石像，形态逼真，如石豹、石猴、石象、沫水神女、长袖观音、仙女列队、美女舒袖、雪莲初绽等，是一个领略和欣赏自然景观的绝佳去处。

◎ 马边大风顶国家自然保护区

马边大风顶国家自然保护区位于四川省西南部马边彝族自治县，西邻美姑，南接雷波。保护区始建于1978年，是以保护大熊猫、羚牛、珙桐、水青树等珍稀濒危野生动植物及其生境为主的野生动物和森林类型自然保护区。1994年确定为国家级自然保护区，保护区总面积30164公顷。

马边大风顶自然保护区地处四川盆地和云贵高原的过渡地带，青藏高原的东南缘，横断山脉中段，属全球生物多样性关键地区之一的中国西南山地地区。在地质年代的冰川时期，受北方大陆冰川影响较轻，成为第三纪或更古老的生物"避难所"。加之该地区长期以来交通不便，人迹罕至，自然资源受人类干扰破坏较少，因而许多古老的动植物群落得以在复杂多样的地形和特殊的气候环境影响下生长、演化，形成了动植物种类的丰富性和多样性，其中珍稀濒危植物主要包括珙桐、红豆杉、南方红豆杉、连香树、水青树和天麻等；珍稀濒危动物有大熊猫、小熊猫、金丝猴、云豹、豹、羚牛、中华穿山甲等近20种，被当今科研工作者赞誉为"很有价值的生物基因库"。

◎ 沐川国家森林公园

沐川国家级森林公园位于沐川县境内五指山北麓，总面积6485公顷，由竹海丹霞、凉风坳和五马坪三个景区组成，2015年入选国家级森林公园，公园内森林覆盖率达88.34%。竹海丹霞景区，即沐川竹海，是国家3A级景区，位于沐川县城东南永福镇，距县城20千米，属典型的丹霞地貌，景区规划面积52平方千米，核心景区15平方千米。景区内湖泊与溪流、瀑布密集，竹林、丹山与瀑布、泉水、小溪等景观组合良好，景区生态环境极佳，负氧离子平均浓度每立方厘米5690个。

有天造地设的"箫洞飞虹"、曲折惊险的"穿洞子九沱十八滩"、山水合一的永兴湖、归隐山峦间永兴寺、神秘幽深的"水月风洞"等29余处景点，还有猕猴、松鼠、桫椤等珍稀动植物。这些景点集"奇、险、静、清、幽"于一体，汇"峰、崖、瀑、湖、林"于一地，是生态观光休闲度假胜地。2011年景区精华——箫洞飞虹成功入选"四川最美100个景点"，同年景区又被评为省级自驾游基地。人文旅游资源以古寨子、古栈道、古寺庙等遗址遗迹类资源为主，如三国时期诸葛亮南征的三言寨、南宋时期的军事要寨白岩寨、南方丝绸之路沐源川道等遗址遗迹。凉风坳景区距沐川县城27千米，为省级森林公园，其中有原始森林带1.8万亩，域内峰峦叠嶂、古树参天、灌木丛生、藤萝缠绕，有罗锅凼、一线天等30余处景点。五马坪景区，距沐川县城20千米，占地3.6万亩，海拔在680～1300米，景区内阳光普照、雨水充沛、古树参天、灌木丛生、景色迷人，有天池灵湖等10余处景点，可春览百花争艳，夏观云海日出，冬赏林海雪景。

◎ 特色古镇

乐山是国家历史文化名城，悠悠岁月，雕琢出许多独具特色的古镇，犹如颗颗珍珠，镶嵌在这片美丽的土地上。

中国历史文化名镇——建为县清溪镇。清溪镇位于犍为县城西南边马边河畔，是中国历史文化名镇。清溪镇自西汉中期成为人口聚居地以来，至今已有两千多年历史，素有"水码头"之称，既是川南有名的历史重镇、军事重镇、政治重镇、文化重镇，又是茶马古道和古代南方丝绸之路上的水陆交通枢纽，一度成为闻名遐迩的客流、物流集散地。该镇面积0.48平方千米，现存历史建筑和文物保护单位建筑面积21万平方米，占总面积的95%。古镇现有居民6000余人，其中原住居民占95%。主要人文古迹有清溪镇贾氏夫人墓、李汝璋墓（民间称"李三官"墓）、四古人之墓、代官坟、先雄墓、宁廷贞墓、半边寺摩崖佛像、真觉寺古磬、宝顶、万寿宫石狮、白马庙石刻香炉、沉犀村节孝坊、牟氏华表等。古建筑有真觉寺、学宫、三教寺、于孝子寺等。

船形古镇——犍为县罗城镇。罗城镇位于犍为县东北部，距犍为县城30千米，集镇建成面积1.20平方千米，是四川省历史文化名镇、"四川省十大旅游古镇"之一和四川省重点文物保护单位。罗城镇地处铁山北麓，无大江河流，历史上是远近闻名的"旱码头"。罗城镇建筑古朴，风格属于川南民居传统的穿逗木构架形式。主街凉厅街从高处俯视，像是一只搁置在山顶的大船，街面是船底，两边的房屋建筑是船舷，俗称"船形街"。"船形街"东西长209米、南北宽9.5米。街道两侧的长廊称之为"凉厅子"，中间有用青石板铺的人行道，贯穿全镇，穿行赶街不怕晒、不淋雨、不湿足。罗城镇是乐山市回民的主要聚居点，保留着浓厚的伊斯兰风情。古镇西端的清真寺，始建于清代雍正年间，寺内楠木森森，环境宜人，是一处游览胜地。

千年古镇——市中区苏稽镇。苏稽镇位于乐山市中心城区西部，是国家农业科技生态园区、四川省首批试点小城镇、四川省"亿万农民健身活动先进乡镇"和乐山市"创建全国绿化模范城市先进集体"，进入了四川省"乡镇经济综合实力500强"。据史料记载，苏稽镇约形成于隋朝，称为"桂花场"，后经几代沿革，改为苏稽镇。因历史文化传说比较多，苏稽镇素有"龙灯之乡""书画之乡"的美誉。苏稽镇一边是青衣江，一边是大渡河，峨眉河、临江河穿镇而过。乐山丝织业历史悠久，清代初年，苏稽丝绸业大量兴起，产出的一种土绸逐渐发展演变，成了后来著名的"嘉定大绸"，在四川丝绸史上占有重要地位。如今，镇上的杨码头南有三座清末古宅和一座清代古石桥，古树、寺庙、四合院、青石板街等历史遗迹，构成了苏稽古镇浓浓的历史气息。镇上传统民俗文化丰富，有灯会、贴门神、街头表演等。曾被央视多次关注并报道的非物质文化遗产"跷脚牛肉"也发源于苏稽镇，此外，四川省非物质文化遗产"苏稽米花糖"也产于这里。

千年盐镇——五通桥区牛华镇。牛华镇地处四川省乐山市五通桥区，南北朝时逐步形成人口聚居地，是乐山市戏剧之乡、千年盐镇，同时也是四川省文化先进镇。据记载，蜀郡太守李冰牛华镇红岩子开凿出中国第一口盐井，随后盐卤资源的大量开采和发达的水上运输，揭开了五通桥上千年的盐业文明史。目前，牛华镇是五通桥区重要的工业生产基地，初步形成了以盐磷化工为主的工业体系。镇内的花木产业是全国农业旅游示范点，种植有绿化苗木、茶花、盆花、盆景4大系列460余个品种的苗木，观赏旅游价值很高。牛华镇也是地方特色美食的"产地"，享誉各地的特色风味小吃，如牛华豆腐脑和牛华麻辣烫就产自于此。其他小吃，如牛肉夹饼、薄饼、蛋烘糕、叶儿粑等，也在地方小吃中占有重要地位。

川南古民居——峨眉山市罗目镇。罗目镇位于峨眉山市东南部，距峨眉山景区约5千米，是四川省历史文化名镇。罗目镇早在商周时代就有人居住，正式建制是在唐代。这里曾是通往大小凉山、西昌、云南的古代交通要道，历代商贾云集，是山货和内地物资的交流中心，也是古代南方丝绸之路的重要集镇。现在的小镇保留了古民居的风韵，大街小巷遍布穿榫斗梁、雕龙画凤的古旧木板房。小镇保留了传统的手工艺加工的铺面，比如铁匠铺、篾具店（卖锄头、镰刀和用竹篾编的背篼等商铺），古朴有韵味，吸引了电视剧《海灯法师》、电影《被爱情遗忘的角落》、巴西电视剧《来自地球另一边的爱》等剧组在这里取景。

"一脚踏三县"——沐川县箭板镇。在沐川、犍为、宜宾三县交界之地，有座一脚踏三县的千年古镇——箭板。它位于沐川县东北部，距县城42千米，背靠陡峭的鱼箭山，蜿蜒的龙溪河从身边奔腾而过。一条"龙"字形独街长卧于山水之间，镇上百年老房旧貌依然，青石街古朴幽深，还有独具川南民居特色的吊脚楼。箭板镇因河边有三根形似"箭杆"、长约百米的石梁和紧挨着的百米宽大石板而得名。靠着通岷江的水路优势，过去是方圆百里农副产品集散地和数万百姓的油盐场。明清时期这一偏僻乡场发展成为南来北往的川南商贸重镇。随着交通的发展，如今老街虽还有人居住，但失去了昔日的繁华，只保留下川南民居的古朴风情。宁静朴实的原生态小镇依山傍水，呈一字形沿岸而建，临河的一面全部采用吊脚楼式建筑，独具风格，从空中俯瞰，如一条蛟龙。古镇有3条街道：桥东街、桥北街、顺河街，其中顺河街是1200米长的青石板古街，拥有万寿宫、禹王宫、南华宫三处古建筑遗址和保留较好的连排吊脚木楼，有张献忠藏宝图等传说。顺河街于2011年被四川省最美街道评选组委会授予"四川十大最宜居街巷"称号，于2014年11月成功入选全国传统村落名录。

彝区吊脚楼——马边彝族自治县荍坝镇。荍坝镇位于马边彝族自治县县城以东34千米，与宜宾市屏山县的中都古镇接壤。在古代，是从屏山县新市镇、云南绥江县一带到乐山、成都的必经之地。荍坝镇始建于明代，相传是三国时诸葛亮南征经过的地方。古代的荍坝镇经济很繁荣。走进古镇，就看到古色古香的"一里长街"。这条街街面全由青石板铺设而成，居民房多数是木板房，还有转角楼、过街楼、吊脚楼保存完好，是清代建筑物。古镇临河而建，背面是高坎，许多房子半边悬空而成了吊脚楼，独具特色，观赏价值很高。镇上还有多处古庙遗迹，部分古祠堂被改建成了学校或医院。

工业古镇——犍为县芭沟镇。芭沟古镇坐落于群山环抱的芭蕉沟，距犍为县城30千米，属嘉阳煤矿矿区。古镇形成于20世纪30年代，是一座近现代古镇，占地面积120公顷，总建筑面积5.5万平方米，是嘉阳·桫椤湖景区的核心景观之一。

1937年，面对日本侵略军的全面进犯，为保存民族工业，著名学者翁文灏（后任国民政府行政院院长）和民族企业家孙越崎（后任国民政府资源委员会委员长）将地处河南焦作的中英合资煤矿——中福煤矿迁往内地，于1939年年初落户于芭蕉沟，易名为嘉阳煤矿。原本十分荒凉的山谷焕发了青春活力，很快便发展成了一座"说起芭蕉沟，心头凉悠悠"的繁华热闹小镇。煤矿产出的煤炭因质量优异，被源源不断运到重庆炼钢造炮，有力地支持了全国抗战。新中国成立以后，随着工业大跃进，芭蕉沟曾一度成为乐山乃至四川重要的煤炭资源来源基地，经历中苏"蜜月"期、"大三线"建设、"文化大革命"等一批有重大影响的历史时期，形成了以英式小阁楼、苏式风格建筑与川西南民居群落包容兼存为特色的建筑文化；以东方红广场、毛主席语录为代表的红色文化；以抗战运煤遗址为代表的抗战文化；以被称为"工业革命活化石"——嘉阳蒸汽小火车和中国煤炭工业发展"活体里程碑"——黄村井为代表的工业文化和以独立矿区特有生活生产方式为代表的民俗文化。旅游资源特色国内罕见。

古镇因其独特的历史背景、深厚的文化底蕴和特殊的建筑风貌吸引了众多国内外媒体聚焦于此，先后拍摄了40余部影视作品。古镇环境优美，气候宜人，全镇森林覆盖率达68.3%，平均气温低于县城4℃，是天然的避暑胜地。优越的气候条件、独特的地质风貌和特殊的历史文化形成了芭马峡、情人榕、逃难井等众多自然和人文景观，是一座集观光、休闲、度假、影视拍摄于一体的特色风情小镇。

第二节
人文乐山——名人名家

每个时代都有它的风骨。被历史厚待的乐山也有着属于自己的风骨。而留存在人们记忆中的历史名人，就是乐山不同时代最鲜活、最灵动的代表。

◎ 铸钱富翁邓通

邓通，四川乐山人。《史记·佞幸列传》中提到了他，《汉书》有专门的《邓通传》。当时，乐山叫南安县，行政中心在今天的乐山市中区，管辖的地域比今天乐山市还要大，包括今天乐山市的大部分区县，还有眉山市的青神县、洪雅县以及雅安市、自贡市的部分区县。

邓通划船划得好，当了黄头郎，是汉代掌管船舶行驶的事业人员。有一天，汉文帝做升天梦，梦见有个黄头郎从背后推着他登上了天。他回头一看，发现黄头郎腰带下的衣背缝穿了个洞。醒来后，汉文帝按梦寻找推他登上天去的黄头郎。当汉文帝看到有个黄头郎腰带下的衣背缝穿了个洞，就召来询问，得知姓邓名通，音近"登通"，就喜欢他。汉文帝赏赐他10多次，官职也升到了上大夫。

有一次，皇上让善于算命的人给邓通看相，那个人说："邓通当贫饿而死。"汉文帝说："能使邓通富有的就在我，怎能说他会贫困呢？"就把四川"严道铜山"赏给邓通，并给他自己铸钱的特权。从此，全国各地都是邓通铸的钱。

邓通曾经给汉文帝吮吸过脓疱疮。吸就吸呗！非得要在汉文帝问话的时候，说什么太子（汉景帝）最爱汉文帝。好。你说太子最爱我，我就叫太子也吸脓疱疮。这不是明显的挑战父子关系吗？汉文帝还真叫太子吸了，太子心头肯定不安逸。汉文帝去世后，邓通就被汉景帝免职。后来又被告发，抄了家，还欠了很多钱，只好寄人篱下，直到饿死。

至于"严道铜山"，一说包括今天雅安、荥经、汉源、天全、芦山等地，依据是清嘉庆《洪雅县志·建置》和清《四川通志·舆地·山川·嘉定府·铜山》。一说包括今天乐山、雅安、成都的铜矿、铁矿和冶炼工场在内的广大区域。依据是邓通徇私枉法，在其他地区开小作坊。

今天沙湾区的铜街子有邓通墓、邓通庙等。传说邓通死后，葬在今天沙湾区铜茨乡的江山村，地方志上有记载。明代峨眉县知事在嘉靖年间重修邓通墓，立了块碑："汉邓通之墓"。清代诗人王培荀说："邓通的坟在离铜山不远的地方，清明节没有人去祭祀。"还有人说：因为铸钱，邓通后来移居到了现在的沙湾。

◎ 北宋大文豪苏轼

苏轼（1037—1101），字子瞻，又字和仲，号东坡居士，北宋眉州人。北宋文学家、书画家。与父亲苏洵，弟弟苏辙合称"三苏"。

嘉祐二年（1057年），苏东坡考中进士。宋神宗的时候，苏东坡曾在凤翔、杭州、密州、徐州、湖州等地任职。元丰三年（1080年），因"乌台诗案"受诬陷，被贬黄州任团练副使。宋哲宗即位后，曾任翰林学士、侍读学士、礼部尚书等职，并在（出知）杭州、颖州、扬州、定州等地任职，晚年因新党执政，被贬惠州（今属广东省）、儋州（今属海南省）。宋徽宗时，获得大赦，返回的途中（北还）在常州（今属江苏省）病逝。宋高宗时追赠太师，谥号"文忠"。

苏东坡是宋代文学最高成就的代表，在诗、词、散文、书、画等方面都取得了很高的成就。他写的诗题材广阔，清新豪健，善用夸张比喻，独具风格，与黄庭坚并称"苏黄"；他写的词开豪放一派，与辛弃疾同是豪放派代表，并称"苏辛"；他写的散文豪放自如，与欧阳修并称"欧苏"，为"唐宋八大家"之一。苏东坡是书法家，是"宋四家"之一（另外三人分别是：黄庭坚、米芾、蔡襄）；画也画得不错，最擅长画的是墨竹、怪石、枯木等。有《东坡七集》《东坡易传》《东坡乐府》等传世。

苏东坡除了组织疏浚过杭州西湖外，还组织疏浚过黄州、湖州、颖州、惠州、雷州等地的西湖，"东坡到处有西湖"。任凤翔（今属陕西省）通判时，还治理过凤翔的东湖，凤翔三宝中的"东湖柳"（此外是西凤酒、姑娘手）讲的就是苏东坡。

苏东坡热爱乐山山水，无论在哪里都始终心系家乡，很希望自己的身份就是嘉州太守，可以带着酒去凌云山闲逛。今天，乐山大佛景区内的凌云山、乐山市中区的龙泓山、白岩山、苏稽镇和五通桥区的金粟镇等地，都有苏东坡的遗迹。东坡借地、东坡墨鱼等传说，也是讲苏东坡在乐山的故事。

◎ 史学家李心传

李心传（1166—1243），字微之，亦字伯微，号秀岩。今乐山井研县（隆州井研）人，南宋著名的文学家和史学家。30岁时，李心传通过州县推荐，参加贡举，没有考上，从此对功名失去了兴趣，开始闭门著书。经过数十年的潜心著述，终于成了一代大家。

理宗宝庆二年（1226年），由于崔与之、许奕、魏了翁等人的联名推荐，李心传担任史馆校勘，专门修撰《中兴四朝帝纪》（南宋高宗、孝宗、光宗、宁宗四朝的帝纪）。这一工作接近完成时，因受别人攻击，他离开都城，回到成都府担任通判，随即升任著作佐郎，兼四川制置司参议官。朝廷了解李心传擅长史学，允许他不必参与参议官的工作，可以设置书局，招用属官，继续修撰《十三朝会要》（北宋九个皇帝加上南宋初的四个皇帝十三朝的会要），全书由李心传在端平三年（1236年）完成。书编写完后，李心传应诏赴临安，任工部侍郎，当时已年过七十。针对当时政治黑暗、纲纪败坏的局面，他上书痛陈时弊，反而受到别人攻击，又被改任"奉祠"官，到潮州（今属广东省）居住。

嘉熙二年（1238年）三月，朝廷任李心传为秘书少监、史馆修撰，续修宝庆二年（1226年）还没有修完的《中兴四朝帝纪》，第二年完成。他修的《宁宗纪》最后一卷载有理宗与济王的事情，丞相史嵩之很不满，擅自更改了这段记载，李心传为此愤然辞职。理宗淳祐三年（1243年），李心传死于湖州（今属浙江省），终年78岁。

李心传的史学代表著作为《建炎以来系年要录》，旧称《高宗系年录》，共两百卷。全书仿照司马光《资治通鉴》体例，编年系月，纂述南宋高宗朝三十六年（1127—1162年）事迹，与李焘《续资治通鉴长编》接续。李心传的另一重要史学著作是《建炎以来朝野杂记》，把从建炎以来到嘉泰二年（1127—1202年）共70余年间的朝野记闻，加以整理归纳，并分门别类进行著述。

◎ 内阁侍读学士雷畅

雷畅（1702—1777），字燮和，号快亭，今乐山井研县千佛镇人。6岁启蒙入学，12岁读遍群经；雍正七年（1729年），雷畅被选为拔贡生，到山西平遥县任知县。平遥县常闹水灾，雷畅拿出自己的俸禄带领百姓修筑堤坝，当地农民亲切地称作"雷公堤"，并立祠纪念。他还带领遭受水灾的百姓种水稻，获得丰收。乾隆五年（1740年），雷畅升任沁州知府。刚刚上任，就大刀阔斧地革除陋规，减轻田赋，豁免盐税，创办沁阳书院。此后，雷畅先后在山西、浙江、湖北、山东、山西等地任职。乾隆三十四年（1769年）冬，雷畅又被任命为内阁侍读学士。后因脚上的病发作，乞求引退，朝廷获准他回乡养病。乾隆四十二年（1777年），雷畅在井研县千佛老家去世，享年75岁。

雷畅从27岁起，在外为官40余年，清正严明，不谋私利。孝敬母亲，爱护百姓，严惩贪官污吏，受到各地百姓和同僚的赞誉。死后墓志铭上说他"孝笃于亲，忠全于臣，律身维严，当官以诚"。他的作品有《雷阁学集》10卷传世。

现井研县千佛镇还有雷畅故居，省级重点文物保护单位。故居共有大小天井12个，房舍121间，是乐山乃至四川规模最大，保存较为完好的一座古园亭民用建筑，从大门直上须登三级台阶才能到达后堂。整个建筑布局严谨，堂、庞、庭院左右对称，处处是金花彩画、雕梁画栋。当年，房子前面的随春园遗址近年来整形开畦，遍栽橘、柚等果树。房子后面雷畅母亲胡太淑的人模至今还在。

清道光初，雷氏家道中落，把房子卖给盐课提举司犍为五通王敬庭。据王氏后裔说：大宅经王氏扩建，才有现在的规模。现在大门中梁内侧檩上，有"大清道光二十二岁次壬子大戊申癸丑癸丑大吉"字样。王氏扩建完成后，更名为"槐盛号"。

◎ 清廉官吏李拔

李拔（1713—1775），字清翘，号峨峰，今乐山犍为县玉津镇人。他幼年读书的时候，好学上进，善于思考。31岁时中举人，乾隆十六年（1751年）38岁时中进士，先后担任楚中（今湖北省）长阳、钟祥、宜昌、江夏知县。乾隆二十四年（1759年）春，任福宁（今福建霞浦）知府。乾隆二十六年（1761年）五月，调任福州知府兼理海防。乾隆二十八年（1763年），李拔的父亲去世，家里兄弟很少，于是离任回家。乾隆三十一年（1766年），任长沙知府。乾隆三十四年（1769年），任湖北荆宜施道台，官至湖北巡抚。乾隆四十年（1775年）八月二日去世，终年63岁。

乾隆二十四年（1759年）春，李拔调守福宁府，就开始批阅以往的县志，到所属县调研，对山川、水源、土壤、民情等进行考察，提出"改变一个地方的社会风气，首先要改善人们的生活，让他们吃不愁穿不愁；让他们吃不愁穿不愁，首先要重视农业，栽桑养蚕；重视农业，栽桑养蚕，首先要兴修水利"。福宁境内原来不产棉、丝，李拔就在他管辖的地方试验种棉、养蚕。成功后，带领百姓种棉、养蚕，并且还撰写了《蚕桑说》《种棉说》，大力宣传种棉花、养蚕的好处。

他调离时，为了记述他任职期间的功德和政绩，乡绅和老百姓特立"去思碑"表示怀念。

清代福建地方各级官吏中，名声最好的首推李拔。他任福州知府期间，他在衙门内（今福州市省府路工交大院）建了一座"榕荫堂"。在作跋文时，他说榕树"在一个城市就庇护一个城市，在一个地区就庇护一个地区，在全国各地就庇护全国各地"，并以榕树为例，告诫自己和下属："假如一个人拥高位、享受很多精细的米，又自以为心思魅力超群，但是实际上却功不及人，泽不庇物，那么他有愧于榕树的不是太多太过了吗！"

李拔任湖北荆宜施道台时，曾率众修整长江航道。今三峡崖壁上还有他的题刻，如"化险为夷""香溪孕秀"等。这些题刻不仅为三峡文化长廊增添文化气息，还起到了让后人看石刻观水文、预测水势的作用。

李拔一生勤于政务、热心著述。撰写志书有《重修犍为县志》9卷、《衡州续艺文志》4卷、《福宁府志》44卷、补《福州府志·艺文志》4卷、《长阳县志》8卷，文集有《四书旁注》等。

◎ 经学大师廖平

廖平（1852—1932），初名登廷，字旭陔，号四益；紧接着，又改字季平，改号四译；晚年更号为六译。晚清著名经学大师，今乐山井研县青阳乡盐井湾（一说今东林镇小高滩，一说研经镇）人。廖平出身于贫困之家，家中负担不起学费，于是从河沟捉鱼送给私塾先生当学费，告诉自己的求学愿望。廖平自知读书机会来之不易，倍加珍惜，昼夜勤苦攻读，曾经晚上立在庙子的神灯下读书。

同治十三年（1874年），廖平参加院试，被四川学政张之洞赏识，录取为第一。后来进入成都尊经书院深造，钻研《春秋》经学。光绪五年（1879年）中举，光绪七年（1881年）注释《春秋谷梁传》，第二年著《谷梁集解纠谬》和《公羊何氏解诂十论》。光绪十五年（1889年），中进士，钦点湖北某县知事，但他以母亲年老为由，请改教职，任龙安府（四川平武县）教谕。那以后，他先后在四川射洪县、绥定府（达县）、乐山、资阳的各书院担任院长。宣统三年（1911年），任《铁路月刊》主笔，支持四川保路运动。他虽然患风湿麻痹症，仍坚持讲学著作。1921年，廖平兼成都高等师范学校、华西协和大学教授。1924年回井研后他带病钻研医术，编写医书。

廖平一生潜心研究经学，其学术思想多变，认为"经学的关键在制度不在阐释道理"，倡导"托古改制"，对经学做出很大贡献。廖平一生著述很多，主要有《六译馆丛书》等。1932年，廖平去世后，国民政府为他举行了国葬。

传说廖平刚进私塾读书的时候，记忆力很差，每天背诵课文的时候，总是结结巴巴，面红耳赤。让他的父亲很失望，叫他退学。看见别的孩子高高兴兴上学，廖平自然不会甘心。一天，他拿了钓竿，跪在家里的神位面前，虔诚地发愿："如我将来读书有成，祖宗当保佑我钓得两尾鲤鱼。"出门垂钓，果然钓得两条红扑扑的大鲤鱼。第二于清早起床，再去私塾，就请老师免了他记诵。从此，廖平读书避短就长，专从"思"字上下功夫，从传统的死记硬背中解脱出来，采用默识理解的方法，这是他一生学术创见独多，见解奇特的原因之一。

◎ 辛亥元勋熊克武

熊克武（1885—1970），今乐山井研县盐井湾（今研经镇）人。1903年东渡日本，学习军事，在东京第一批加入同盟会，被选为总部评议部评议员。不久回国，在上海与于右任等集资创办吴淞中国公学。这段时间，曾护送孙中山乘法国邮船由日本经上海到南洋。

光绪三十三年（1907年），奉孙中山之命，以四川省同盟会主盟人身份返川，先后领导发动江安、泸州、成都、叙府等地武装起义。第二年春到东京购买枪支弹药，发动广安起义、嘉定起义。武昌起义爆发后，聚集在上海的革命党人公推熊克武为蜀军北伐军总司令。第二年3月5日率三营部队抵重庆，被蜀军政府委任为蜀军一师师长。

"二次革命"中，熊克武组织四川讨袁军，被公推为总司令，以3万人从重庆分两路迎战袁世凯调来的5万军队。后来，被袁世凯下令通缉，出走日本，在日本参加孙中山组建的中华革命党活动。二次讨袁时，到昆明与蔡锷及唐继尧等人商讨讨袁大计。滇军入川，熊克武以四川招讨军司令名义，组织一支5000人部队与滇军并肩作战，重创曹锟部队，护国运动胜利后被任命为第五师师长和重庆镇守使。

1918年1月，熊克武就任靖国军总司令，与滇、黔军联合对抗北京政府在四川的督军刘存厚，2月25日攻克成都，被任命为四川督军，主持川政。1924年1月，熊克武当选为国民党中央执行委员，7月，广东军政府委任熊克武为建国联军川军总司令。1925年，孙中山病逝北京，熊克武率3万人的部队到达广东连山、连南、阳山一带，参加北伐，后被汪精卫、蒋介石扣押囚禁于虎门炮台达两年之久。

1927年3月，蒋介石迫于舆论压力释放熊克武，出狱后，熊克武经香港转上海治病，后长期隐居成都，一度迁居香港。抗日战争胜利后，熊克武与但懋辛等在重庆创办中国公学，联络民主人士反对蒋介石发动内战。1949年，解放大军逼近成都，蒋介石邀熊克武谈话，诱迫他携带家眷去台湾。熊克武断然拒绝。同年12月25日，熊克武发表书面申明，表示真诚拥护中国共产党和中央人民政府的领导。

新中国成立后，熊克武历任西南军政委员会副主席，第一至第三届全国人大常务委员会委员，民革中央副主席。现井研县研经镇熊克武故居是市级爱国主义教育基地。

◎ 一代文豪郭沫若

郭沫若（1892—1978），原名郭开贞，乳名文豹。今乐山沙湾区人，是杰出的作家、诗人、戏剧家、翻译家、历史学家、古文字学家、思想家、政治家和著名的社会活动家，也是继鲁迅之后我国文化战线上"又一面光辉旗帜"。

郭沫若幼年时，母亲教他诵读唐宋诗词，4岁半入家塾"绥山山馆"。青少年时期，博览群书，亲历四川保路运动，组织乡里自卫，响应辛亥革命。1914年7月，郭沫若考入日本东京第一高等学校预备班医科，次年7月升入冈山第六高等学校，毕业后升入福冈九州帝国大学（今九州大学）医学部。

郭沫若积极投身于新文化运动，1919年年初写成小说《牧羊哀话》。五四时期创作的《女神》是他诗歌艺术的最高成就，也是中国现代新诗的奠基之作，开创了"一代诗风"。在五四运动的影响下，他和夏禹鼎、钱潮等一起组织爱国团体"夏社"，进行反对日本侵略的宣传。1921年6月，郭沫若与郁达夫、成仿吾等人一起成立了著名文学团体"创造社"。

1926年3月，在广州任广东大学（今中山大学）文科学长，在此期间，结识了毛泽东、周恩来等。同年7月投笔从戎，随国民革命军北伐，先后任革命军行营秘书长和总政治部代主任。国民党右派背叛工农革命后，郭沫若从九江赶赴南昌，参加周恩来、朱德等领导的南昌起义。

起义失利后，因受到蒋介石政府通缉，郭沫若于1928年2月乘邮船离沪去日本，开始10年的流亡生活。1930年3月，郭沫若加入中国左翼作家联盟。这段时期，郭沫若进行了有开创性的史学研究，撰写了《中国古代社会研究》《甲骨文字研究》《两金文辞大系》等10余种数百万字的重要学术著作；翻译了多部外国文学与科学著作。

1937年中日战争全面爆发后，郭沫若冒着生命危险，抛妻别子回到祖国，创办《救亡日报》，在周恩来领导下开展抗日救亡宣传。抗日战争时期，郭沫若写了大量的历史剧和杂文、随笔及新旧体诗，如《屈原》《虎符》《孔雀胆》《十批判书》《甲申三百年祭》等。

新中国成立后，郭沫若历任政务院副总理兼文化教育委员会主任、中国文学艺术界联合会主席、中国科学院院长兼哲学社会科学部主任、中国人民保卫世界和平委员会主席、中日友好协会名誉会长等职。在中国共产党第九至第十一次代表大会上，都被选为中央委员。在第一至第五届全国人民代表大会上当选常务委员会副委员长，并任政协全国委员会第一、第二、第三、第五届副主席。

担负繁重的科学文教方面的领导工作和国际和平交往活动同时，郭沫若又以饱满的热情继续进行文艺创作和学术研究。出版了《奴隶制时代》《文史论集》等研究专著，提出中国奴隶制和封建制的分期在春秋、战国之交的见解，为多数史学工作者所接受。主编《中国史稿》。致力古籍整理，完成许维遹、闻一多初撰的《管子集校》，从事袁枚《随园诗话》、陈端生《再生缘》、李白与杜甫研究。出版的诗集有《新华颂》《百花齐放》《骆驼集》等。历史剧有《蔡文姬》《武则天》等。1951年12月获"加强国际和平"斯大林国际奖，先后被苏联及东欧各国科学院授予院士或荣誉院士称号。

沙湾区郭沫若故居是省级爱国主义教育基地，有故居、博物馆等一系列建筑群。

◎ 开国少将何克希

何克希（1905—1982），原名和成孝，又名何静，今乐山峨眉山市绥山镇人。何克希自幼刻苦学习，13岁考入成都高等师范学校附属中学（高师附中），积极参加学生运动。1929年，加入中国共产党。

1935年1月27日，何克希领导了为策应中央红军入川的峨眉武装起义。1936年，省委安排何克希到上海，在上海党组织领导下从事秘密工作。1937年"七七事变"后，党组织派何克希到江阴。

1938年秋起，何克希任江南抗日义勇军第3路军副司令员、江南抗日义勇军总指挥部副总指挥，新四军江南指挥部、江南人民抗日救国军东路指挥部副司令员、新四军第6师副参谋长等职，参与领导开辟苏南抗日根据地。1938年6月，何克希率部至茅山，部队被命名为"江南抗日义勇军第三路军"，何克希任副司令员。1939年5月，何克希任"江抗"东路司令员。1942年7月，何克希到浙东，任区党委委员兼三北游击队司令员。1943年10月，新四军军部命令，正式公布为"新四军浙东游击纵队"。开辟了以梁弄为中心的四明山根据地，成为全国19个抗日根据地之一。

1945年8月，日本无条件投降。10月，浙东游击纵队奉命北撤，何克希率部撤至澉浦时，遭到国民党4个师的包围，他机智勇敢地领导和指挥了历史上有名的澉浦战役。1946年夏，何克希调任一纵队副司令员。解放战争期间，参加了苏北、鲁南、莱芜、孟良崮、豫东、淮海、渡江战役。1949年8月，何克希调任华东特种兵纵队政委。1950年10月，调任华东装甲兵司令员兼政委。1953年，调任南京军事学院装甲系主任。1956年任国务院第二机械工业部部长助理兼办公厅主任。1966年起先后任浙江省第三、第四届政协副主席。

1955年9月，被授予少将军衔，荣获中华人民共和国一级解放勋章、中华人民共和国一级独立自由勋章。

◎ 著名翻译家曹葆华

曹葆华（1906—1978），今乐山市中区人，诗人、翻译家。中学毕业后就读于清华大学文学系，1931年进入该校研究院，1935年毕业。

他一生致力于马克思主义经典著作和无产阶级文艺理论翻译，为宣传马克思主义理论和繁荣社会主义文化事业做出了重大贡献。他与曹汀、曹靖华一起被誉为中国翻译界"三曹"。曾独译或与毛岸青、季羡林、于光远、周扬、张仲实、何思敬等名家合译俄文马克思主义著作100余部。

20世纪30年代初，曹葆华已是清华园内的一位"名人"。"他的诗人的地位，早已为园内一般人所公认。"1933年10月，曹葆华开始主编《北平晨报》副刊的《诗与批评》专栏。他不仅是最主要的编辑人，而且是主力作者；他不仅大量译介西方现代主义诗歌理论和文艺批评，同时也发表了近20首诗歌作品，在理论和实践两方面探索中都有丰厚的收获。

曹葆华是个喜欢"以文会友"的诗人，在八年的清华学生生活中，他的诗名赋予了他一种凝聚力和影响力。1930年，清华取消何其芳的学籍，靠曹葆华的帮助才得以转入北大继续攻读。期间，曹葆华与叶公超、李长之、林庚、辛笛等清华杰出的诗人和批评家结成诗的友谊。在《水星》编辑部里，曹葆化和《水星》编辑卞之琳，以及经常去协助卞之琳编辑刊物的何其芳、李广田经常见面，共同探讨诗歌艺术，成为生活上、文学道路上的好友和同路人。

1939年他到了延安，在鲁艺文学院任教。40年代初，他翻译的《马恩列论艺术》出版。50、60年代，曹葆华在中共中央宣传部翻译马恩列斯经典著作，曾任俄文翻译室主任。这个时期他翻译出版了《无政府主义还是社会主义》《俄国资本主义的发展》《黑格尔逻辑学一书摘要》《唯物主义与经验批判主义》等经典著作。1962年，曹葆华调到中国科学院哲学社会科学部外国文学研究所任研究员，翻译出版了《论艺术》《没有地址的信 艺术与社会生活》《文学书简》（合译）。逝世前，他还在翻译校订《哲学选集第五卷》。

◎ 佛学家遍能

遍能（1906—1997），今乐山五通桥区冠英镇人，乐山乌尤寺方丈，法号宏善，俗名许旨光。遍能幼年就失去了父亲、哥哥，是母亲把他养育成人，接受的是村塾教育。1918年，在乐山太平寺出家。1920年，拜乌尤寺礼普照上人为师。后来又跟随当时的四川名儒翰林赵熙（香宋）学习，因为好学，善于领悟，深受赵熙器重。1923年赴成都文殊院受具足戒，1925年就读于四川省佛学院，毕业后曾先后执教于峨眉山佛学院和重庆花岩寺佛学院。

1929年，遍能出川东行，参学于江南诸山丛林，经满智法师引荐，认识杭州潮晋渴寺太虚大师。1930年到了北京，考入柏林寺的柏林教理院。1931年，"九一八事变"后，华北情势紧张，经济萧条，教理院经费来源受到影响，不得已宣告停办，遍能离开北京回到四川。1932年，任汉藏教理院学监、教务主任并代理主持院务。1934年8月，因内部人员理念不合，出现分歧。遍能秉持正道，严然处置。同年，被重庆名刹华严寺聘任为华严岩寺佛学院教务主任，任职三年。1938年，传度法师圆寂，遍能受请出任乐山乌尤寺方丈。以后60年的时间，都在四川弘法。

1988年，担任成都新都县宝光寺方丈，同时，还继续担任乌尤寺方丈。1992年，为提高出家人素质，培育僧材，在宝光寺设立了四川省佛学院。遍能亲执教鞭，诲人不倦，受到全院师生敬重。晚年，除担任两大寺院方丈外，还长期担任中国佛教协会咨议委员会副主席、四川省佛教协会秘书长、副会长、乐山市佛教协会会长、四川省佛学院院长、四川省尼众佛学院教务长、峨眉山佛学院院长、峨眉山佛教协会名誉会长、乐山市政协委员、新都县政协委员等，对于四川的佛教事业有着相当大的贡献。多次应邀到美国、日本、新加坡以及中国香港、中国澳门等国家和地区的寺院讲学，深受海内外佛教弟子和社会各界人士的尊敬。

他热心社会公益事业，曾捐资百万元改建位于乐山大佛景区内、凌云山和乌尤山之间的濠上大桥，捐资10万元兴办乐山市艺术幼儿园，会同宽霖法师等创立四川佛教慈善功德会，募化专款，帮助贫困失学儿童。

◎ 画坛大师李琼久

李琼久（1908—1990），今乐山五通桥区蔡金镇人，笔名九躬、九公，堂号永好堂，"嘉州画派"创始人，四川嘉州画院首任院长，中国美术家协会会员，曾任中国美术家协会四川分会理事，乐山市政协常委。

李琼久8岁进入私塾，12岁开始学画，从小对艺术耳濡目染，母亲擅长刺绣，舅舅又是剪纸艺人。后到成都裱画铺当裱工，1929年进入四川美术专科学校学习西洋绘画和雕塑。毕业后回到家乡，曾任蔡金中学校长、乡长。后搬到五通桥牛华教书、开裱褙铺、潜心研究美术。牛华8年，是李琼玖画风重要转型期。李琼玖走出家门，师法造化，师法自然，多次到乐山凌云寺、峨眉山采风写生。新中国成立前夕，为搞好庆祝乐山解放的宣传游行，李琼玖受鲁大东（后任四川省委书记）同志上门重托，精心画了数十幅毛泽东、朱德巨幅头像。

1950年后，李琼玖在乐山师范学校任美术教师，为乐山培养了大批的绘画人材。1977年，加入文化部中国画创作组，与李苦禅、黄永玉、李可染、黄胄等巨匠同为首批成员，在北京名声大震，深得全国美术界认可。1980年，李琼玖成立嘉州画院，创立嘉州画派，使乐山书画名振华夏。尤其是1981年8月秋天，作为嘉州画派掌门人的李琼久经过一个多月的实地写生，思考和创作，为北京人民大会堂创作了长6米，宽3米的巨幅国画《泸定桥》。

李琼久以"三山一水"（峨眉山、乐山、凉山和沫水）为题材进行国画创作，他的山水画以弓法为基础，独具风格。无论皴法、树法、点法，皆有自成的笔墨。他画的峨眉山水，一峰一状，一树一态，雄秀苍莽，尽变化之极致。花鸟画也独树一帜，以峨眉山的珍禽异卉为题材，运用各种表现技法，创造出构图奇特、造型生动、色彩斑斓的高格调写意花鸟画。有多幅在日本、美国、加拿大、新加坡等国展出。

◎ 眼科专家毛文书

毛文书（1910—1988），乐山市中区育贤街人。是中国眼科学界享有盛誉的老前辈，国际著名的眼科专家，先后当选为第三至第六届全国人大代表，卫生部教材编审委员会委员，中华医学会理事，中山医科大学眼科中心主任兼防盲办公室主任。卫生部医学科学委员会委员，中华眼科学会副主任委员、中国医学百科全书眼科分册编委、《中华眼科杂志》副总编、《眼科学托》主编、国际防盲组织委员会候补委员、亚洲及太平洋地区人工晶体植入协会创办人之一。

1929年，考入华西大学医学院，1937年毕业，获得理学士和医学博士学位。1947年至1949年 在丈夫陈耀真（中国近代眼科事业奠基人之一）的鼓励下，远赴加拿大多伦多大学、美国芝加哥大学深造。1950年10月，回到广东，在岭南大学医学院任教，院系调整后，又到中山医学院。1965年起兼任中山医学院附属医院副院长、院长，1977年调任北京首都医院眼科教授，后任中山医科大学一级教授兼中山医科大学眼科中心主任。

毛文书特别重视眼科的基础研究和实验，在国内最早建立眼生化实验室，对常见的致盲眼病白内障进行基础研究。20世纪50年代，她在国内首次发现血半乳糖缺乏症患者的母乳与形成先天性白内障的关系。60年代，她深入山区调查遗传性蚕豆病并取得重要研究成果。70

年代，毛文书在北京市和广州市建立眼遗传生化及生理实验室，在生化和细胞学方面开展眼遗传病的研究，发表了系列有价值的论文。

80年代，毛文书受教育部委托，主编全国高等医学院校第二版《眼科学》和第三版《眼科学》教科书。1980年，毛文书在国际防盲治盲会议及第24届国际眼科学会上作题为《中国农村广东新会县及中山县防盲治盲经验》报告，受到广泛重视。1981年，毛文书当选为美国眼科学会议1985届年会国际贵宾和日本眼科学大会特别讲演者，是中国第一位在国际上获此荣誉的眼科女专家。1983年，她把防盲治盲、眼病流行和建立研究基地相结合，并与国际合作，推动普查致盲关注又向前迈了一步。

◎ 法学家伍柳村

伍柳村（1912—2006），乐山峨眉山市罗目镇人，著名的刑法学家、教育家，是新中国刑法学的开创者之一。从事法学研究50余年，获中国法学会颁发的从事法学教育50年老法学家荣誉奖，被评为有突出贡献的专家，享受国务院津贴。

伍柳村早年参加了新民主主义同盟会，支持和积极参加革命活动。主张发展教育提高国民素质是强国之道，筹集资金创办了西昌边民试验学校，培养了大批少数民族干部，并出资在峨眉县创建了正本小学，发展当地教育事业。1937年，从四川大学法律学系毕业后留校任教，讲授刑法。1953至1992年，先后在西南政法大学、四川大学任教，1992年离休后担任四川大学法学院顾问。

伍柳村在中国的刑法研究和刑法建设上倾注了心血。1956年，新中国刚刚推行律师制度，他由西南政法学院指派，成为西南第一位庭审律师。在西南政法学院、四川大学期间，招收培养了数届硕士研究生，受到四川省人民政府嘉奖。

1981年至1983年，伍柳村参加国家司法部组织专家学者编写高等学校统一试用教材《刑法学》和《刑法讲义》，并审定《公证制度讲义》等，受到广泛赞誉。先后编辑出版《刑法讲义》《青年法律常识丛书》《杀人伤害罪个案研究》等著作，多次获得国家和省部级奖励。

1982年，伍柳村提出刑法上的"因果关系"学说，主张刑法上应该"以果推因"，这是对刑法理论的重要贡献。他对语言文学在犯罪中的性质、刑法中的因果关系、故意犯罪过程中的犯罪形态、犯罪的着手、教唆犯的二重性等问题，都有深刻的论述。1997年，他参与了对1979年刑法的修正工作，提出了很多有价值的意见建议。

伍柳村先后兼任南开大学法学研究所研究员，广州大学、西南财经大学和凉山大学客座教授，被选为中国法学会刑法学研究会顾问，四川省法学会副会长。曾任政协四川省第五届委员会委员，四川省政协第六届政法委员会委员，四川省文史研究馆馆员，中国法学会刑法学研究会顾问，四川省法学会顾问，四川省海峡两岸法律研究会名誉会长，四川省检察学会顾问。

◎ 九叶诗人陈敬容

陈敬容（1917—1989），乐山市中区人，曾用笔名蓝冰、成辉、文谷、默弓，中国著名女诗人。出生在一个旧式书香家庭。在乐山和成都上学时，受到五四新文化、新思想的感染，1932年在清华大学校刊《清华周刊》发表第一首诗歌《幻灭》，从此走向诗歌创作的道路。

1934年寒假，陈敬容从成都锦江边登船出发，沿着历代诗人出川的足迹扬帆远航，来到了向往已久的古都北平，跨进了梦寐以求的清华园。因为没有钱，不能继续进校读书，只好自学中外文学，先后在清华大学和北京大学旁听。靠跑清华大学、北京大学的图书馆，以及北平城里的图书馆来补充旁听的不足。期间，曾向一位法国女教师学习法文，每周两小时，持续了一年左右。

1937年抗战开始后她回到成都，同曹葆华一道参加中华全国文艺界抗敌协会成都分会，并在分会会刊、文学期刊《工作》《文艺阵地》《星岛日报》等报刊上发表作品。1948年，与友人杭约赫（曹辛之）等共同创编《中国新诗》月刊及《森林诗丛》，任编委。1956年调到作家协会《世界文学》编辑部，从事外国文学介绍和编辑工作，为中国作家协会会员。1965年调《人民文学》编辑部诗歌散文组。

陈敬容是中国现代女诗人之一，是连接中国现代诗歌与"朦胧诗派"的关键性诗人。新时期以来，因为与其他8位现代诗人合编著名诗歌合集《九叶集》，成为中国著名现代诗派——"九叶诗派"主要成员之一，这一诗派对20世纪80年代的北岛等人都有重要的影响。

陈敬容还是优秀的翻译家，翻译了法国雨果的长篇小说《巴黎圣母院》、捷克尤·伏契克的《绞刑架下的报告》、丹麦作家安徒生的《安徒生童话》、苏联普里什文的中篇童话《太阳的宝库》、苏联波列伏伊的短篇集《一把泥土》、巴基斯坦诗人伊克巴尔的《伊克巴尔诗选》等世界名著。

1989年11月8日，陈敬容在北京逝世，享年72岁。根据本人遗愿，她的骨灰被分为两份，一份归葬乐山故土，一份葬在北京八宝山公墓。

◎ 女英雄丁佑君

丁佑君（1931—1950），乐山五通桥瓦窑沱人，出生在一个盐商家庭。1944年考入五通桥通材中学（今五通桥中学）。通材中学源于1888年的通材书院，始于1901年的通材小学。通材中学校长是共产党员李嘉仲，校内建立了地下党组织"通材特支"。赵君陶（化名赵郁仙）受党的派遣携子李芃（李鹏，曾任国务院总理）、女李琼来到五通桥通材中学任教，开展党的地下活动。

1947年，丁佑君考入成都市立女子中学（现成都市第六中学）。在校学习期间，阅读进步书刊，开始倾向革命。1948年4月参加了党和地下组织领导的罢课斗争。1949年11月又投身于中共地下党组织发起的护校运动。

1950年1月，在哥哥的鼓励下，丁佑君瞒着父母考入西康人民革命干部学校。5月下旬，分配到西昌工作，先任西昌市县立女子中学军代表。8月，又调任西昌县盐中区任青年干事，参加征粮工作。9月17日，她到乡下裕隆镇征粮，盐中区土匪发动反革命暴乱，不幸被土匪绑架。9月19日，匪徒围攻盐中区公所，将丁佑君押到碉堡附近，妄图利用她劝说坚守碉堡的战士投降。面对敌人的威胁，丁佑君视死如归，鼓励坚守碉堡的战士坚持到底，不要投降。恼羞成怒的土匪向她开枪，丁佑君昏倒在血泊之中，英勇牺牲。万恶的土匪竟然提起她的双脚，将她在凸凹不平的地上拖了半里多路，直到全身被粗砺的石子擦得血肉模糊、皮开肉绽，才把她丢弃在荒野中。

丁佑君牺牲后，西昌县委根据她生前的请求，追认她为中共党员。1951年5月19日，中央人民政府签发了毛泽东署名的《革命牺牲人员家属光荣纪念证》，核定"革命功绩：一大功。"1952年5月4日，人民在西昌建成了丁佑君烈士陵园。1958年3月27日，朱德元帅了解到丁佑君壮烈牺牲事迹，特地为纪念碑亲笔题词："丁佑君同志是党和人民的好女儿，是青年团员和青年的好榜样。中国青年应该学习她把自己的一切都献给党和人民的高度的阶级觉悟和革命精神。"5月4日，人民又在五通桥区修建了"丁佑君烈士纪念碑"。1987年10月1日，经西昌市人民政府批准，为纪念丁佑君烈士，将河西镇更名为佑君镇。

位于五通桥区的丁佑君烈士纪念馆是省级爱国主义教育基地，就在历史上有名的"花盐街"对岸。

◎ 全国工程设计大师耿福东

耿福东（1940—1997），乐山峨眉山市双福镇人。被建设部授予"全国工程设计大师"称号的著名工程设计师。

1963年，耿福东大学毕业后被分配到大庆油田总机厂工作。1966年，他调到海洋石油勘探指挥部，历任技术员、工程师、专业组长、室主任、项目经理、副主任工程师、副总工程师。1988年，耿福东被聘为高级工程师，1992年享受国家特殊津贴。1994年8月，被国家建设部授予"全国工程设计大师"称号。

耿福东以严谨的科学态度和顽强的拼搏精神，先后参加主持渤海一号至七号钻井平台、渤海四号采油平台、上海平湖油气田等平台的设计、建造、调试，为我国海洋石油开发事业做出了重要贡献。他参加或主持的设计的埕北油田A平台设计获国家科技进步一等奖；渤中28-1油田基本设计、修改设计获国家科技进步三等奖和国家优秀设计金质奖；绥中36-1油田试验区开发工程获国家科技进步一等奖。他还先后主持完成胜利埕岛油田，东海平湖油气田，大港张区河油田、辽河葵花岛油田、中石化海江联运进口原油储运工程的设计咨询工作，赢得各方业主的信任和高度评价。

◎ 长漂勇士尧茂书

尧茂书（1950—1985），乐山市中区人，第一位漂流长江的人，西南交通大学电教室摄影员。尧茂书与长江似乎有一种天然的血缘，当他一次意外发现中国国家考察队拍摄的《长江》画册时，就立下誓言："我要对长江做一次完整的考察"，并开始做周密的准备。

1979年，日本著名探险家植村首漂南美洲亚马孙河的报道，激发了尧茂书首漂长江的念头。1983年，他自费到长江源头实地考察，并到大渡河、沱沱河等地对橡皮筏越险滩技术作了尝试，还用简筏在金沙江中段前后试漂10多次。1985年，美国将派"激流探险队"于秋天从长江源头漂流而下的消息，促使早在1979年便萌发漂流长江念头的尧茂书决定：捷足先登漂流长江。他说："漂流长江的先锋应该是中国人！征服中国第一大河的第一人，应该是炎黄子孙！"

1985年5月31日，尧茂书和三哥尧茂江带着"龙的传人"号橡皮艇和大批行装乘火车抵达青海省会西宁，然后乘汽车、马和牦牛在高原奔波11天，于6月11日到达长江发源地——格拉丹冬雪山脚下。对长江源头冰川进行几天考察后，尧茂书兄弟乘"龙的传人"号橡皮艇，计划用100天左右的时间，漂到长江尽头。6月24日，300千米的沱沱河漂完，尧茂书哥哥假期已满，带着第一批成果告别了尧茂书。7月23日上午，尧茂书漂过通天河大桥，向金沙江驶进。当晚8点30分，他漂入一个大峡口，把橡皮船从水中拖上河滩，然后从防水袋中取出日记本，摁亮手电筒，记下了一天的漂流情况。这里叫通伽峡。7月24日，人们在这里发现了遇难的尧茂书和翻扣在礁石上的橡皮船。他已漂流了1300千米，这是整个长江的五分之一；他在激流中拼搏了34天，34天是他34年人生的缩影……

1986年4月，共青团四川省委授予尧茂书"首漂长江，献身祖国的优秀青年"称号，12月，中共四川省委追认他为中国共产党党员，民政部批准尧茂书为"科学考察漂流探险活动中英勇献身的革命烈士"。1987年12月，勇士碑——首漂长江烈士尧茂书纪念碑在乐山城区萧公嘴建成（现已迁至乐山市中心城区长江市场旁）。

◎ 世界核电"卓越贡献奖"获得者昝云龙

昝云龙（1934—　），出生于乐山市中区白塔街，是大亚湾核电站和岭澳一期核电站的主要奠基者之一，没有他的名字，我国核电创业史将不完整。

昝云龙读书时常常是穿着草鞋进学堂，初中时往往提出许多老师回答不了的问题，被同学们称作"昝博士"。1953年，他从乐山一中考上四川大学物理系。1956年，被选送到北京大学物理系学习核物理专业。1957年7月毕业后，从事与核潜艇相关的研究、建造和组织协调管理工作。

1983年3月，由昝云龙担任组长的10人核电专家组背着行囊南下。1985年1月18日，广东核电合营公司（简称"合营公司"）正式成立，昝云龙出任总经理助理。1986年3月，担任合营公司总经理。4月26日凌晨，苏联切尔诺贝利核电站发生泄漏事故。在核电站生死存亡的关键时刻，邓小平同志力挽狂澜，"中央对建大亚湾核电站的想法没有改变，也不会改变，中央充分注意核电站的安全问题"，"建核电站不能改变"。"在大亚湾核电站的建设中，邓小平同志批示、指示不下十次。"

20年里，昝云龙参与开发建设了2个电站4台机组。1987年8月7日，大亚湾核电站主体工程正式动工。1994年2月1日，大亚湾1号机组完成全部准备工作正式投入商运。5月6日，2号机组也顺利投入商运。大亚湾人终于成功地迈出了开发、建设和安全运营我国先进的百万千瓦级大型商业核电站的第一步。1994年9月，中国广东核电集团正式宣布成立，昝云龙担任中国广东核电集团第一任董事长、总经理兼党组书记。1997年5月15日，岭澳核电站一期主体工程开工。2002年5月28日和2003年1月8日，岭澳1、2号机组分别投入商运。

在昝云龙的主持领导下，中国拥有了具有自主知识产权的百万千瓦改进型压水堆核电站CPR1000，在核电站运行、维修、技术支持、安全监督等方面达到世界先进水平。1996年，法国政府授予昝云龙"骑士荣誉勋章"。2010年2月世界核电营运者协会（WANO）双年会上，昝云龙获得"卓越贡献奖"，成为中国核电界首个获此殊荣的人。

◎ 国家一级导演吴子牛

吴子牛（1952—　　），四川乐山人。国家一级电影导演，享受国务院特殊津贴专家。曾获全国首批"五一劳动奖章""劳动模范""全国优秀文艺工作者""全国中青年德艺双馨艺术家""中国电视剧十佳导演""中国电影百年百位优秀电影艺术家"等称号，现为中国电影家协会理事、中国电视剧导演协会理事、湖南省政协委员，湖南省电影家协会副主席。

吴子牛出生于一个知识分子家庭，自幼便受到了良好的艺术熏陶。1969年1月，16岁的吴子牛"上山下乡"插队，之后，他考进了乐山文工团从事创作和演出工作。1977年高考恢复，吴子牛考入北京电影学院导演系学习，1982年毕业后在湖南潇湘电影制片厂开始导演生涯，是中国著名"第五代导演"的领军人物之一。

吴子牛从影以来共拍摄了《晚钟》《喋血黑谷》《国歌》《南京大屠杀》等13部电影，多次获得中国电影金鸡奖、百花奖、华表奖三大电影奖的"最佳故事片奖""最佳导演奖"等诸多项奖。在柏林国际电影节、蒙特利尔电影节、波哥大国际电影节等国际电影节获得"银熊奖""最佳推荐奖""金熊猫奖""最佳导演奖""最佳故事片奖"等奖项。拍摄了《天下粮仓》《贞观长歌》《历史转折中的邓小平》《于成龙》等十余部电视连续剧。多部电视剧获飞天奖、金鹰奖、"五个一工程奖""最受观众喜爱的十部电视剧""国剧盛典十佳电视剧"和韩国首尔国际电视节"评委会特别大奖"、中广联"全国电视制片业十佳电视剧导演奖"等多个奖项。吴子牛多次远赴美国纽约大学、哥伦比亚大学、澳大利亚墨尔本等进行电影交流、讲学、影片展等活动。

第三节
诗咏乐山——名诗名篇

"**蜀**中多仙山，峨眉邈难匹"，这是诗仙李白赞美峨眉山的诗句。中国本是诗歌的国度，钟灵毓秀的乐山也不例外。千百年来，这片原本就诗意十足、韵味十足的神奇土地，给了文人墨客们以感官的冲击和心灵的震撼，留下了脍炙人口的名篇佳作。

◎ 度秋

〔唐〕李世民

夏律昨留灰，秋箭今移晷。

峨眉岫初出，洞庭波渐起。

桂白发幽岩，菊黄开灞涘。

运流方可叹，含毫属微理。

【作者简介】李世民（599—649），隋代陇西成纪（今甘肃秦安）人。唐高祖李渊次子。唐朝第二位皇帝，在位23年。不仅是著名的政治家、军事家，还是一位书法家和诗人。重视文艺，设文学馆、弘文馆，招延奖掖文士。亲自修史，勤奋执笔，诗文均有成绩。《旧唐书·经籍志》著录《唐太宗集》三十卷，《新唐书·艺文志》著录其文集四十卷，《全唐文》录其文七卷，其中赋五篇。

◎ 峨眉山月歌

〔唐〕李白

峨眉山月半轮秋，影入平羌江水流。

夜发清溪向三峡，思君不见下渝州。

◎ 登峨眉山

〔唐〕李白

蜀国多仙山，峨眉邈难匹。

周流试登览，绝怪安可悉。

青冥倚天开，彩错疑画出。

泠然紫霞赏，果得锦囊术。

云间吟琼箫，石上弄宝瑟。

平生有微尚，欢笑自此毕。

烟容如在颜，尘累忽相失。

倘逢骑羊子，携手凌白日。

◎ 峨眉山月歌送蜀僧晏入中京

〔唐〕李白

我在巴东三峡时，西看明月忆峨眉。

月出峨眉照沧海，与人万里长相随。

黄鹤楼前月华白，此中忽见峨眉客。

峨眉山月还送君，风吹西到长安陌。

长安大道横九天，峨眉山月照秦川。

黄金狮子乘高座，白玉麈尾谈重玄。

我似浮云殢吴越，君逢圣主游丹阙。

一振高名满帝都，归来还弄峨眉月。

◎ 听蜀僧濬弹琴

〔唐〕李白

蜀僧抱绿绮，西下峨眉峰。

为我一挥手，如听万壑松。

客心洗流水，余响入霜钟。

不觉碧山暮，秋云暗几重。

◎ 上皇西巡南京歌

　　［唐］李白

　　锦水东流绕锦城，星桥北挂象天星。
　　四海此中朝圣主，峨眉山上列仙庭。

【作者简介】李白（701—762），字太白，号青莲居士。唐代绵州彰明（今四川江油）人。25岁离开四川，742年到长安，任翰林院供奉。有《李太白集》。唐开元十年或十二年（722年或724年），李白游四川，寄居在象耳山（今眉山市彭山区江渎乡）、峨眉山，有《登峨眉山》《峨眉山月歌》等诗传世。此后，李白诗作中寄情于峨眉山水的很多。

◎ 峨眉东脚临江听猿怀二室旧庐

　　［唐］岑参

　　峨眉烟翠新，昨夜秋雨洗。
　　分明峰头树，倒插秋江底。
　　久别二室间，图他五斗米。
　　哀猿不可听，北客欲流涕。

◎ 登嘉州凌云寺作

　　［唐］岑参

　　寺出飞鸟外，青峰戴朱楼。
　　搏壁跻半空，喜得登上头。
　　始知宇宙阔，下看三江流。

天晴见峨眉，如向波上浮。

迥旷烟景豁，阴森棕楠稠。

愿割区中缘，永从尘外游。

回风吹虎穴，片雨当龙湫。

僧房云蒙蒙，夏月寒飕飕。

回合俯近郭，寥落见行舟。

胜概无端倪，天宫可淹留。

一官讵足道，欲去令人愁。

【作者简介】岑参（约715—770），唐代边塞诗人，河南南阳人，唐太宗时的大臣岑文本的重孙，后来迁移到了江陵。唐玄宗天宝三年（744年）进士，767年7月至768年2月任嘉州（今四川乐山）刺史，世称"岑嘉州"，著有《岑嘉州诗集》。

◎ 宿青溪驿奉怀张员外十五兄之绪

［唐］杜甫

漾舟千山内，日入泊枉渚。

我生本飘飘，今复在何许。

石根青枫林，猿鸟啸俦侣。

月明游子静，畏虎不得语。

中夜怀友朋，乾坤此深阻。

浩荡前后间，佳期赴荆楚。

【作者简介】杜甫（712—770年），字子美，自号少陵野老。河南巩县（今河南省巩义）人。唐代伟大的现实主义诗人，与李白合称"李杜"。杜甫在中国古典诗歌中的影响非常深远，被后人称为"诗圣"，他的诗被称为"诗史"。杜甫共有约1500首诗歌被保留了下来，大多收集在《杜工部集》中。

◎ 乡思

［唐］薛涛

峨眉山下水如油，怜我心同不系舟。

何日片帆离锦浦，棹声齐唱发中流。

◎ 赋凌云寺二首

［唐］薛涛

（一）

闻说凌云寺里苔，风高日近绝纤埃。

横云点染芙蓉壁，似待诗人宝月来。

（二）

闻说凌云寺里花，飞空绕磴逐江斜。

有时锁得嫦娥镜，镂出瑶台五色霞。

【作者简介】薛涛（770—832），字洪度，唐代著名女诗人。祖籍长安（今陕西西安）人，幼年随父亲做官流落到四川，户籍在乐户的名籍里。可能曾在乐山长期居留，一说就在今天乐山市中区竹公溪，因而把乐山看作是她真正的故乡。自从韦皋治理四川那时起，薛涛出入幕府，历事十一镇，都以诗得到信任。当时，与薛涛诗文酬唱的名流才子很多，如白居易、牛僧孺、令狐楚、元稹、张籍、杜牧、刘禹锡、张祜等。有《薛涛诗》。

◎ 海棠

［唐］薛能

四海应无蜀海棠，一时开处一城香。

晴来使府低临槛，雨后人家散出墙。

闲地细飘浮净藓，短亭深绽隔垂杨。

从来看尽诗谁苦，不及欢游与画将。

◎ 峨眉圣灯

［唐］薛能

莽莽空中稍稍灯，坐看迷浊变清澄。

须知火尽烟无尽，一夜栏边说向僧。

【作者简介】薛能（817—880），字大拙，唐汾州（今山西汾阳一带）人，会昌六年（846年）进士，晚唐著名诗人。咸通七年（866年）四月，以监郡摄嘉州刺史。次年解任回成都，北归长安。有《江干集》（即《薛能诗集》）10卷。关于嘉州的诗作共22首，是唐代写嘉州诗作最多的诗人。

◎ 送张嘉州

［宋］苏轼

生不愿封万户侯，亦不愿识韩荆州。

颇愿身为汉嘉守，载酒时作凌云游。

虚名无用今白首，梦中却到龙泓口。

浮云轩冕何足言，惟有江山难入手。

峨眉山月半轮秋，影入平羌江水流。
谪仙此语谁解道，请君看月时登楼。
笑谈万事真何有，一时付与东岩酒。
归来还受一大钱，好意莫违黄发叟。

◎ 初发嘉州

［宋］苏轼

初发鼓阗阗，西风猎画旗。
故乡飘已远，往意浩无边。
锦水细不见，蛮江清更鲜。
奔腾过佛脚，旷荡造平川。
野市有禅客，钓台寻暮烟。
相期定先到，久立水潺潺。

【作者简介】苏轼（1037—1101），字子瞻，初字和仲，又字子平，自号东坡居士、老泉山人。宋代眉州（今四川眉山市东坡区）人。嘉祐二年（1057年）进士。恰好遇到母亲去世，与父亲、弟弟一起回四川奔丧。嘉祐四年（1059）十月，父子三人循水路出川时，道经嘉州，曾登岸游览。治平三年（1066年），父亲苏洵在开封去世，苏轼与弟弟苏辙护丧出都，从开封进入淮河，逆水返回四川，又经过嘉州。有《苏东坡全集》。

◎ 游嘉州龙岩

［宋］苏洵

系舟长堤下，日夕事南征。

往意纷何速，空岩幽自明。

使君怜远客，高会有馀情。

酌酒何能饮，去乡怀独惊。

山川随望阔，气候带霜清。

佳境日已去，何时休远行。

◎ 游凌云寺
[宋] 苏洵

长江触山山欲摧，古佛咒水山之隈。

千航万舸膝前过，仰视绝顶皆徘徊。

足踏重涛怒汹涌，背负乔岳高崔嵬。

予昔过此下荆渚，班班满面生苍苔。

今来重到非旧观，金翠晃荡祥光开。

萦回一径上险绝，却立下视惊心骸。

蜀江迤逦渐不见，沫水腾掉震百雷。

山川变化禹力尽，独有道者尝闵哀。

琢山决水通万里，奔走荆蜀如长街。

世人至今不敢嫚，坐上蜕骨冷不埋。

余今劫劫何所往，愧尔前人空自咍。

【作者简介】苏洵（1009—1066），字明允。宋代眉州（今四川眉山东坡区）人。与苏轼、苏辙合称"三苏"。有《嘉祐集》。

◎ 初发嘉州

[宋] 苏辙

放舟沫江滨，往意念荆楚。
击鼓树两旗，势如远征戍。
纷纷上船人，橹急不容语。
余生虽江阳，未省至嘉树。
巉巉九顶峰，可爱不可住。
飞舟过山足，佛脚见江浒。
舟人尽敛容，竞欲揖其拇。
俄顷已不见，乌牛在中渚。
移舟近山阴，峭壁上无路。
云有古郭生，此地苦笺注。
区区辨虫鱼，尔雅细分缕。
洗砚去残墨，遍水如黑雾。
至今江上鱼，顶有遗墨处。
览物悲古人，嗟此空自苦。
余今方南行，朝夕事鸣橹。
至楚不复留，上马千里去。
谁能居深山，永与禽兽伍。
此事谁是非，行行重回顾。

◎ 奉同子瞻荔支叹

[宋] 苏辙

蜀中荔支止嘉州，余波及眉半有不。
稻糠宿火却霜霰，结子仅与黄金侔。

近闻闽尹传种法，移种成都出巴峡。

名园竞撷绛纱苞，密清琼肤甘且滑。

北游京洛堕红尘，箬笼白晒称最珍。

思归不复为蓴菜，欲及炎风朝露匀。

平居著鞭苦不早，东坡南窜岭南道。

海边百物非平生，独数山前荔支好，

荔支色味巧留人，一管年来白发新。

得归便拟寻乡路，枣栗园林不须顾。

青枝丹实须十株，丁宁附书老农圃。

【作者简介】苏辙（1039—1112），字子由、同叔，晚号颍滨遗老。今四川眉山东坡区（宋代眉州）人。与苏洵、苏轼合称"三苏"。嘉祐二年（1057年）与哥哥苏轼同登进士。有《栾城集》。

◎ 登凌云寺见花

[宋] 黄庭坚

其一

凌云一笑见桃花，三十年来始到家。

从此春风春雨后，乱随流水到天涯。

其二

凌云见桃万事无，我见杏花心亦如。

从此华山图籍上，更添潘阆倒骑驴。

◎ 题东丁水

[宋] 黄庭坚

古人题作东丁水，自古东丁直到今。
我为更名方响洞，要知山水有清音。

【作者简介】黄庭坚（1045—1105），字鲁直，号山谷道人，晚号四休老人、山谷老人、涪翁、涪皤。宋代洪州分宁（今江西修水）人。治平四年（1067年）进士。元符三年（1100年）七月，自戎州（今宜宾市）泛舟往眉州青神（今眉山市青神县）探望张氏姑母，经嘉州（今乐山），曾经短暂居住。有《山谷集》。为"苏门四学士"之一。书法为"宋四家"之一。

◎ 凌云九顶

[宋] 范成大

聊为东坡载酒游，万龛迎我到峰头。
江摇九顶风雷过，云抹三峨日夜浮。
古佛临流都坐断，行人识路亦归休。
酣酣午枕眠方丈，一笑闲身始自由。

◎ 苏稽镇客舍

[宋] 范成大

送客都回我独前，何人开此竹间轩。
滩声悲壮夜蝉咽，并入小窗供不眠。

【作者简介】范成大（1126—1193），字致能，号石湖居士。宋平江府吴县（今江苏苏州吴县）人。绍兴二十四年（1154年）进士。曾经到过乐山，游峨眉山。与杨万里、陆游、尤袤合称南宋"中兴四大诗人"。有《石湖诗集》《石湖词》《桂海虞衡志》《骖鸾录》《吴船录》《吴郡志》等著作传世。

◎ 登荔枝楼
［宋］陆游

平羌江水接天流，凉入帘栊已似秋。
唤作主人元是客，知非吾土强登楼。
闲凭曲槛尝忘去，欲下危梯更小留。
公事无多厨酿美，此身不负负嘉州。

◎ 谒凌云大像
［宋］陆游

出郭寻幽一笑新，径呼艇子截烟津。
不辞疾步登重阁，聊欲今生识伟人。
泉镜正涵螺髻绿，浪花不犯宝趺尘。
始知神力无穷尽，丈六黄金果小身。

【作者简介】陆游（1125—1210），字务观，号放翁，晚号笠泽翁、龟堂病叟。宋代越州山阴（今浙江绍兴）人。孝宗隆兴元年（1163年）特赐进士出身。乾道九年（1173年）春末被命摄知嘉州事，五月初抵嘉州。上任40天后，奉命回成都，逗留半月后，又返嘉州任所。淳熙元年（1174年）春初，奉调回蜀州（今四川崇州）。陆游在嘉州任所前后共约9个月，作诗百余首。有《陆放翁全集》。

◎ 嘉定府

[宋] 汪元量

郡楼着眼蜀天宽，分得巴江水一湾。

大小峨眉相对立，梨花山接海棠山。

【作者简介】 汪元量（1241—1318），字大有，号水云、水云子、楚狂，人称水云道人，南宋钱塘（今浙江杭州）人。曾两次来四川，游峨眉山和乐山。著有《水云集》。

◎ 清音亭记

[宋] 邵博

天下山水之观在蜀，蜀之胜曰嘉州，州之胜曰凌云寺，寺南清音亭，其最胜也。

【作者简介】 邵博（？—1158），字公济，号西山，宋代洛阳人。绍兴八年（1138年）赐同进士出身。曾在今四川雅安（雅州）为官，后来住在犍为去世。有《西山集》。

◎ 嘉定舟中作

[清] 张问陶

其一

凌云西岸古嘉州，江水溽溇抱郭流。

绿影一堆漂不去，推船三面看乌尤。

其二

平羌江水绿迢遥，梦冷峨眉雪未消。

爱看汉嘉山万叠，一山奇处一停桡。

【作者简介】张问陶（1764—1814），字仲冶。清代四川遂宁人，祖籍湖北麻城。乾隆五十五年（1790年）庚戌科三甲进士。嘉庆十五年（1810年）任山东莱州知府，嘉庆十七年（1812年）辞去官职侨居今江苏苏州虎丘。有《船山诗文集》。

◎ 晚渡平羌步上凌云绝顶

［清］王士祯

真作凌云载酒游，汉嘉奇绝冠西州。

九峰向日吟江叶，三水通朝抱郡楼。

山自涪翁亭畔好，泉从古佛髻中流。

东坡老去方思蜀，不愿人间万户侯。

【作者简介】王士祯（1634—1711），字子真、贻上，号阮亭、桐华，别号渔洋山人。清代山东新城（今桓台县）人，清初杰出的诗人、文学家。康熙十一年（1672年）在乐山停留了一段时间。

◎ 峨眉山上的白雪

郭沫若

峨眉山上的白雪

怕已蒙上了那最高的山巅？

那横在山腰的宿雾

怕还是和从前一样的蜿蜒？

我最爱的是在月光之下
那巍峨的山岳好像要化成紫烟；
还有那一望的迷离的银霭
笼罩着我那寂静的家园。

啊，那便是我的故乡，
我别后已经十有五年。
那山下的大渡河的流水
是滔滔不尽的诗篇。

大渡河的流水浩浩荡荡，
皓皓的月轮从那东岸升上。
东岸是一带常绿的浅山，
没有西岸的峨眉那样雄壮。

那渺茫的大渡河的河岸
也是我少年时爱游的地方；
我站在月光下的乱石之中，
要感爱一片伟大的苍凉。

啊，那便是我的故乡，
我别后已经十有五年。
在今晚的月光之下，
峨眉想已化成紫烟。

第三章

美节 美食 美俗

第一节
缤纷节会

"一步一风景，处处有精彩。"用这句话来形容这座历史文化名城最恰当不过。厚重的文化、丰富的资源、独特的区位，是乐山开展文化、旅游、经贸交流的重要支撑，也是这座古城千百年来的自信之源，开明、开放、包容、好客的乐山人民以绚丽多彩的节庆活动迎接八方宾客。

◎ 四川国际旅游交易博览会

四川国际旅游交易博览会简称四川旅博会，创办于2014年，每年举办一次，会址永久落户乐山。四川旅博会由四川省人民政府指导，乐山市人民政府、四川省旅游发展委员会、四川省人民政府新闻办公室、四川省人民政府外事侨务办公室、四川省文化厅、四川省商务厅、四川省体育局、四川博览事务局主办，是集聚旅游产品、企业服务为一体的旅游专业会展品牌，与"科博会""酒博会"并列为四川省三大专业博览会。四川旅博会力图打造中高层次、大规模、商品种类最全、到会采购商量多且分布国别地区广、成交效果好、信誉佳的综合性国际旅游贸易盛会。2014—2018年，四川国际旅游交易博览会已连续五届在乐山市举办。

2014年9月27—29日，首届四川国际旅游交易博览会在乐山峨眉山市举行，37个国家和地区参会。本届旅博会围绕"旅游交易、开放合作"主题，突出"专业化、市场化、国际化"特点，搭建了国内外旅游及服务交易、国内外旅游行业交流与合作、四川旅游产业展示三大平台，实现了"国际化的水准、专业化的盛会、大众化的节日"的办会目标。自此，四川国际旅游交易博览会会址永久落户乐山，世界从乐山看四川旅游，四川旅游从乐山放眼全球。

2015年9月24—30日，第二届四川国际旅游交易博览会举行。本届旅博会以"旅游交易·开放合作—助推丝绸之路经济带振兴"为主题，以"旅游产品及服务洽谈交易平台、旅游行业交流合作平台、旅游产业展示推广平台"为定位，从形式上更加注重国际合作，从组织上更加注重专业素养，从运作上更加注重市场导向。44个国家（地区）、12个省（区、市）和境内外1000余家旅游企业、投资商参会，签订38个旅游项目合作协议，签约总额666亿元。其中，乐山签约19个项目，总金额295亿元。签约项目涉及旅游基础建设、接待服务设施建设、生态旅游、文化旅游、乡村旅游、康养旅游、自驾旅游、旅游演艺、旅游综合体等领域。

2016年9月23—28日，第三届四川国际旅游交易博览会在乐山峨眉山市举行。本届旅博会以"旅游交易开放合作—助推丝绸之路经济带振兴"为主题，重点推出亚太旅行商大会、峨眉高峰论坛、主宾国主题市宣传周等主题活动，以及2016年峨眉山国际登山节和峨眉山佛光禅林音乐节两个配套活动。来自47个国家和地区，1500家国内外涉旅企业参会的嘉宾参会，主宾国为泰国，主题市为眉山市。签约项目24个，总金额447.4亿元，其中乐山签约项目18个，总金额300.7亿元。

2017年9月17—24日，第四届四川国际旅游交易博览会举行。本届旅博会以"旅游交易·开放合作—旅游引领绿色发展"为主题，突出"国际化、专业化、大众化、市场化、智慧化"，以展示、交易、论坛为核心，展会内容主要由"八大展示、三大交易、十二大主体活动"构成。74个国家和地区约2000余名嘉宾参会，34个国家和地区、全国21个省（市、自治区）、全省21个市（州）参展，主宾国为澳大利亚，主题市为广安市。签约项目28个，总金额685亿元，其中乐山签约项目19个，总金额396亿元。

2018年9月7日—9日，第五届四川国际旅游交易博览会在乐山峨眉山市举行。本届旅博会以"美好生活引领品质旅游"为主题，以展示、交易、论坛、大赛四大板块为核心。本届旅博会布展面积达3.5万平方米，主宾国为尼泊尔，主题省为陕西省，主题市为巴中市。来自联合国世界旅游组织、世界旅游联盟、亚太旅游协会等国际旅游组织的负责人和50余个国家和地区、31个省（市、自治区）的3000余家展商、买家卖家、专家学者参会。

◎ 乐山国际马拉松赛

为深入推进四川旅游首选地建设，全面落实全民健身国家战略，乐山市自2017年开始举办国际马拉松赛。这项定期举办的体育赛事将马拉松赛事与城市精神内核相结合，为来自五湖四海的参赛者打开一扇大门，让大家从第一视角来检阅乐山这座城市的风采，感受城市的气息，这场赛事也成为了乐山对外宣传的新名片。

2017年11月11日，"韵动中国·2017乐山国际马拉松赛"举行，国家体育总局田径运动协会、省委宣传部、省体育局、新华网、乐山市领导出席起跑仪式并鸣枪开赛。这场比赛由中国田径协会、乐山市人民政府、新华网主办。比赛以"乐山乐水乐跑"为主题，设全程马拉松、半程马拉松、5公里欢乐跑三个项目，吸引了来自北京、广州、重庆、四川、云南等24个省、市、自治区的国内参赛选手和澳大利亚、比利时、日本、肯尼亚、埃塞俄比亚、泰国等11个国家的外籍选手共10186人参赛，其中省外选手2853名，外籍选手96名。参赛选手中年龄最大的86岁。最终，来自肯尼亚选手基普洛普·埃尔法斯获得男子组全程马拉松冠军，乐山籍选手碛者阿提位居第二。女子组冠军则由肯尼亚选手基麦尤·萨利·杰穆太夺得。

2017年乐山国际马拉松赛路线位于乐沙生态大道，起于市中区滟澜洲生态二号大桥，途径市中区苏稽镇、水口镇、罗汉镇和沙湾区嘉农镇，止于沙湾滨江大道，沿赛道两边布置了1000余幅乐山旅游景点画面，并挑选了跷脚牛肉、甜皮鸭、叶儿粑等12道乐山特色美食供参赛选手品尝，让选手在比赛过程中领略乐山风土人情。这届马拉松赛是乐山首届也是最大的国际马拉松赛事，人民网、四川日报等30多家媒体进行了报道，官方网站点击次数近300万次。这届比赛的赛事运营、赛事服务等工作扎实有序，获得中国田径协会颁发的"自然生态特色赛事"奖。

2018年11月11日，乐山国际半程马拉松鸣枪开赛。赛事分设半程马拉松和6公里欢乐跑两个组别，新增了"甜蜜跑"和"阖家欢乐"项目，"甜蜜跑"组别由一男一女组队，共200组，"阖家欢乐"项目以家庭为单位，一组中至少包含1名成年人和1名未成年人。此外，组委会还举行了"相约乐山,快乐脱单"烛光晚餐等配套活动。富有特色的赛事活动,营造了全民健身的良好氛围,吸引了来自肯尼亚、埃塞俄比亚、韩国、日本、印度、新加坡、泰国、越南、老挝等23个国家和地区的外籍专业选手,也吸引来自广州、重庆、云南等省、市、自治区和乐山当地的马拉松爱好者参与,参赛人员达到11156人。来自埃塞俄比亚的选手GEBREYOHANNNES ADELADLEW MAMO和TESFAHUN MELKAME WALE分别夺得男子、女子半程马拉松冠军。

2018年乐山国际半程马拉松赛以"快乐运动 幸福旅游"为主题,吸引参赛者们享受运动的激情;与古老的嘉州对话,接受文化的熏陶;与庄严的大佛感应,祈福美好的生活;与美丽的缘分相遇,共度浪漫的行程。这是一场国际化又接地气的运动盛会,上万人在乐山共享运动快乐,尝美食赏美景等亮点活动的推出,真正实现了"让参赛选手快乐地跑、开心地吃、幸福地游"。

乐山两届国际马拉松赛的成功举办,让其日益成为一项强身健体、挑战自我的体育运动,成为一个文化、旅游、体育融合发展,促进社会和谐,展示城市形象的平台。参与跑步,不仅仅是一种理念,更是一种健康与活力相融、快乐和激情相依的生活精神。本次赛事通过了中国田径协会"铜牌赛事"认证,再次获得"自然生态特色赛事"奖。

◎ 四川春季音乐季暨峨眉山花海音乐节

2016年,四川省人民政府确定了"春夏秋冬"四季音乐季的总体布局,乐山成为"四川春季音乐季"的举办地。四川省春季音乐季暨峨眉山音乐节由省文旅厅和乐山市政府共同主办,按照"政府引导、市场运作、企业参与、产业拉动"的模式运营,以打造中国最美山地音乐节为核心目标,集休闲、旅游、娱乐为一体,以文化、音乐、旅游多业态的深度融合,切实助推乐山音乐产业发展。目前,四川省春季音乐季暨峨眉山音乐节已成功举办了三届，吸引了众多的乐迷和观众参与体验，集聚了大量的人气，获得了良好的社会效益，成为互联网文化和旅游行业关注的焦点，向世界传递了乐山优秀国际旅游城市的开放形象和文化品质。

2016年10月15日—16日，第一届四川省音乐季暨峨眉山佛光禅林音乐节在峨眉山国际旅游度假区举行。这届音乐节以"音乐盛典、自在乐山"为主题，包括四川音乐产业高峰论坛、开幕式和系列音乐活动，将传统文化与时尚潮流、历史传承与时代创新、国际元素与本土特色完美结合，突出西部特色佛禅音乐风格。活动由德胜文旅、摩登天空、中亚旅文共同承办，邀请了郑钧、张蔷等23组艺人献唱。为期两天的音乐节吸引了2.7万余人次参与，开创了乐山举办音乐节的先河，打造了又一张乐山文化新名片。

2017年4月29日—5月1日，第二届四川省春季音乐季暨乐山·峨眉山佛光花海音乐节在峨眉山国际旅游度假区举行。这届音乐节以"佛光花海，春之乐章"为主题，邀请了张靓颖、谭维维、光良等众多艺人，将音乐时尚与传统文化、地方特色与国际潮流完美结合，用音符点燃激情，为市民和游客献上丰盛的文化大餐。为期3天的音乐节，共吸引国内外观众5.22万人次，咪咕音乐、咪咕直播、PPTV、微鲸VR四个平台同步全程网络直播，累计直播观看用户778.5万人、观看达1939万次，新浪微博上话题阅读量超过1亿，全国、全省70余家媒体、150余个公众微博号、90余个公众微信号、15家互联网合作平台进行了报道，总覆盖3亿人次以上。此次音乐节的举办，初步奠定了乐山音乐节品牌基础，提升了乐山的知名度和美誉度，文旅融合、"音乐+"模式成效初显。

2018年4月29日—5月1日，第三届四川省春季音乐季暨乐山·峨眉山佛光花海音乐节在峨眉山恒大国际旅游度假区举行。这届音乐节以"春天·相遇在乐山"为主题，打造出了最具特色的音乐嘉年华。活动由乐山文化产业投资发展有限公司、乐山文广演艺有限公司承办。此次音乐节29日以"怀旧之夜"、30日以"电音狂欢之夜"为主题，邀请姜育恒、辛晓琪、孟庭苇等歌手，推出了"思念不如相见"经典老歌主题和"激情年华"青年摇滚主题演唱，还组织了省内原创音乐和舞蹈演出、亲子游戏等多种体验项目，吸引大众参与和体验。为期3天的活动，共接待市民和游客朋友6.3万余人次。中央、省市及海外媒体持续聚焦，直播平台累计观看量超1亿人次，UC头条、新浪、爱奇艺、百视通等阅读量和点击量超过2.1亿人次，有力提升了乐山和峨眉山的知名度和美誉度。

◎ 中国·四川国际峨眉武术节

中国·四川国际峨眉武术节是经国家体育总局批准的国际性武术赛事，每两年举办一次，由国家体育总局武术运动管理中心、中国武术协会、四川省体育局和乐山市人民政府主办，峨眉山市人民政府、峨眉山景区管理委员会和乐山市旅体委承办，旨在为来自世界各地的武林人士提供良好的交流机会和展示平台，向世人展示峨眉武术的博大精深，弘扬中华武术文化。其规格高、阵容大、内容丰富、影响广泛，是一项体育赛事与旅游相结合的体育盛会，自2007年以来已举办6届。

2007年8月28—30日，首届中国·四川国际峨眉武术节首次在乐山峨眉山市举行，共设散打争霸赛、武术套路邀请赛和传统武术比赛3个比赛项目，吸引来自13个国家和地区的50余支队伍共520名运动员参加，其中乐山派出3支代表队参加比赛，在传统武术项目和武术套路项目的比赛中共获得30枚金牌，中国国家队包揽散打争霸赛中7个级别的冠军。

2009年8月5—8日第二届中国·四川国际峨眉武术节举行，来自新加坡、伊朗等10余个国家和地区以及广州、北京等省、市共83支代表队参加传统武术和散打武术比赛。同时在武术节期间，峨眉山市易镇举行了"峨眉武林风"武术摄影作品展。

2011年8月12—17日，第三届中国·四川国际峨眉武术节举行。本届武术节以"继承传统文化、祈福仙山峨眉、尽享品质生活"为主题，开展传统武术比赛、武术及佛教文化交流、旅游观光等活动，来自新加坡、瑞典、意大利等国家和地区的108支代表队，1130名运动员参赛。四川省体育局向峨眉山市政府授予"四川省峨眉武术产业基地"牌匾。

2013年8月9—11日，第四届中国·四川国际峨眉武术节在峨眉山景区举行。本届武术节以"弘扬峨眉武术、发展文旅产业"为主题，40个国内武术代表队和来自10余个国家、地区的海外武术代表团参赛，投资商、旅行商、武术运动员等共2500余人。在此之前，"天下武林聚峨眉武艺大比拼"活动在乐山峨眉山市举行。峨眉、少林、武当、青城、崆峒、华山、昆仑七大武林门派代表人物首次齐聚乐山，演绎各派绝技。同时，世界三大拳种泰拳、跆拳道、空手道高手也相继登台同场竞技，为第四节武术节提前预热。

2015年9月12—15日，第五届中国·四川国际峨眉武术节在乐山峨眉山市中信国安象城广场举行，18个国家和地区、25个国内省（市、自治区）共115支代表队、1400余人参加，是历届参赛人数最多的一届。这届武术节还举行了国际拳王争霸赛、第十二届全国武术之乡武术套路比赛、峨眉武术摄影展、"峨眉功夫王"争霸赛等活动。

2018年10月29—31日，以"健康中国养生峨眉"为主题的第六届中国四川峨眉山国际武术节在乐山峨眉山市隆重举行，吸引了来自俄罗斯、乌克兰、墨西哥、尼日利亚、巴基斯坦、美国、法国等21个国家123支代表队的1671名运动员参赛。本届武术节分传统武术套路比赛和"峨眉论剑"传统武术擂台赛两大赛事。与往届相比，不仅增加了更具观赏性的擂台赛，更增添了将武术文化与旅游、饮食相结合的精彩活动。本届武术节期间，《峨眉传奇》功夫秀于10月29日在灵秀的峨眉山拉开帷幕，将现代博击和四川本土特色文化相融合，以一种别开生面的方式诉说过往，开创未来。

◎ 中国茶乡峨眉山国际茶文化博览交易会

中国茶乡峨眉山国际茶文化博览交易会简称茶博会，由乐山市人民政府与四川省农业厅、四川博览事务局共同主办。目前已成为汇集权威专家、引领茶业创新发展的文化交流盛会，也是促进川茶"走出去"和实施对外开放合作的重要舞台。

2016年4月29—5月2日，首届中国茶乡峨眉山国际茶文化博览交易会在乐山峨眉山市举行。这届茶博会围绕"茶之品、茶之道、茶之旅、茶之路"的主题，以"文化引领、电商助推、茶旅结合、产业推动、共享共赢"为思路，创新"互联网+茶、茶+旅游"，形成了以网上茶博会、茶交易所、世界名茶评比、世界茶旅联盟倡议、茶之路空间展示、茶插花表演为主要内容的亮点活动以及"茶之品"展销和"开启茶旅新时代"高峰论坛。

2017年7月6日，第二届中国茶乡峨眉山国际茶文化博览交易会在乐山峨眉山市"国际旅游交易博览中心"举行。第二届茶博会以"茶汇乐山·缘结天下"为主题，围绕"茶之道""茶之品""茶之旅"三大主线开展系列活动。"茶之道"，以"拜圣一炷香、养心一杯茶"为内容，举办"峨眉茶韵"开幕式、"一带一路与茶产业融合发展"峨眉山茶论坛、第五届海峡两岸茶文化论坛，以及茶文化展示、体验，禅茶文化等活动，打造茶文化高端交流平台。"茶之品"，以"茶香峨眉山、品牌扬天下"为内容，举办投资交易签约活动、亚太茗茶大奖峨眉山国际评比大赛，茶叶新品发布，以及茶叶、茶器具、茶食品等集中展示展销，打造茶产品权威推介平台。"茶之旅"，以"万里茶之路、缘结峨眉山"为主题，依托"三大世界遗产"资源，集中开展"万里茶之路"空间展示、"峨眉问茶"体验等活动，推荐、考察佛禅养生体验游、世界遗产体验游、茉莉之乡体验游、有机茶园风情游等茶旅线路，打造茶旅产业融合发展平台。中国工程院院士陈宗懋，中国农科院茶叶研究所副所长鲁成银等20位全国茶业行业领军人士、权威机构负责人和业内专家、境内外茶业组织负责人参加。23个国家和地区代表、联合国粮食计划署、粮农组织驻华代表参加这次茶博会。德国、法国、澳大利亚、意大利、韩国、丹麦等14个国家和地区茶叶协会会长、海峡两岸关系协会负责人等嘉宾出席。来自俄罗斯、印度、加拿大、新西兰、土耳其等17个国家和地区的53家境外参展企业，来自15个国家和地区的境外35家境外采购商参加。中国风景名胜区协会、中国农业国际合作促进会、中国国际茶文化研究会、世界茶旅联盟在本次茶博会上共同发布《茶旅融合推动产业扶贫中国峨眉山宣言》。

2018年7月6日—9日，第三届中国茶乡峨眉山国际茶文化博览交易会在乐山峨眉山市举行。本届茶博会紧扣"茶汇乐山·缘结天下"的主题，按照"市场化、专业化、品牌化、国际化"的标准，通过"政府引导、企业主体"的运作模式举办，凸显出"展会规模庞大""行业水平领先""形式内容丰富""活动成果丰硕"四大特色亮点。本届茶博会会展交易面积2.6万平方米，设标准展位100个、特装展位140个，集中展示展销茶叶、茶器具、茶食品、茶包装、茶服饰、茶衍生品等茶产业链产品。茶博会举办期间，包括中茶、八马、贡润祥、西湖龙井、白沙溪、正山堂、武夷星等为代表的205家国内企业，以及18个境外国家和地区59家企业参展。来自俄罗斯、印度、新西兰、意大利、美国、澳大利亚等185家国际国内专业采购商参与采购活动。

◎ 峨眉山冰雪温泉节

峨眉山冰雪温泉节为四川十大民俗节庆活动之一，整合峨眉山独特的冰雪、温泉资源和佛教文化、武术文化、美食文化等特色文化资源，以"冬游峨眉，冰雪温泉"为主题，举办旅游摄影大赛、滑雪表演、飞碟表演、银色婚礼、堆雪人比赛、大型水上表演、温泉晚会等活动，是一场冬日峨眉山旅游盛会。峨眉山冰雪温泉节从1999年开始，每年12月或次年的1月固定举办，深受游客推崇，突破了峨眉山旅游淡季瓶颈，成为峨眉山景区一张靓丽的名片。

1999年1月16日，首届峨眉山冰雪节在峨眉山景区的雷洞坪滑雪场举办，开启了峨眉山冬游首秀，聚焦市场热点关注，引来众多媒体报道和多方客流高潮。2001年1月19日，作为首届中国四川南国冰雪节的分会场，第三届峨眉山冰雪节"雪山飞狐"活动在雷洞坪滑雪场举行，与国家旅游局2001年"体育健身游"主题活动同步开展。

2005年1月12日，"中国（四川）第五届南国冰雪节暨第七届峨眉山冰雪温泉节"在峨眉山雷洞坪举行，本届冰雪温泉节以"温泉滑雪添魅力，冬雪风光恋峨眉"为主题，推出"玩冰雪、泡温泉、品美食"系列旅游活动，向海内外游客展示了峨眉山独具南国特色的冬季冰雪风光和丰富的冰雪文化魅力。期间，峨眉山景区还推出已失传1000多年的大型佛教文化活动——万盏明灯朝普贤，上千位老人的太极拳表演和峨眉山武术队表演，为冬日峨眉再增魅力。

2007年11月15日，第九届峨眉山冰雪温泉节一口气亮出"金顶雪国、仙山温泉、峨眉武术、峨眉灵猴、峨眉美食、滑雪活动"六张王牌，呈现给大众的是场世界水平的顶级冰雪盛会。中国旅游报在报道中称中国冬季旅游"北有亚布力，南有亚龙湾、西有峨眉山"，从此，峨眉山被称为中国冬游第三极。

2015年12月20日，第十七届峨眉山冰雪温泉节举行。本届冰雪温泉节由峨眉山景区主办，腾讯大成网联办，开展了首个"决战峨眉之巅，千人挑战'冰雪神功'"的大型高海拔、户外冰雪极限活动，为大众推出"四菜一汤"产品——雪域天庭直升机、冰雪神功傲江湖、野奢酒店高尔夫、雪地火锅食为天、泉心泉意养生汤，让游客感受银装素裹、玩法多变的峨眉山。

2016年12月25日，第十八届峨眉山冰雪温泉节暨首届"冰粉"节在峨眉山金顶举行。期间推出冰雪神功挑战赛、峨眉山最美冰雪随手拍、灵猴形象征集大赛作品巡展网络评比等多项活动，让游客体验冰雪温泉两重天，冬游峨眉嘉年华、品味美食雪福来，赏雪仙山最美景、感受南国冰雪别样韵。

2017年12月23日，冰雪世界峨眉山·四海冰粉狂欢派——峨眉山第十九届冰雪温泉节开幕式暨第三届冰雪勇士挑战赛在峨眉山景区金顶举行。"峨眉山冰雪温泉节"经过品牌积累，已成为"四川十大民俗节日"。这届冰雪节，除冰雪勇士外，还有冰雪奇缘主题乐园，亲子系列活动等，亮点颇多。

2018年12月28日，以"冰雪峨眉 童萌世界"为主题的第二十届峨眉山冰雪温泉节暨雷洞烟云亲子狂欢季在"中国冬游第三极"峨眉山的中高山区盛大开幕。本届冰雪温泉节，以童萌童趣、冰雕冰道为主要特色，打造提升了11个冰雪娱乐项目，新增3处网红打卡点，设计了8个亲子游戏活动。其中，倾力打造的350米长的密林冰道，成为全国最长的室外冰道;倾心打造的450立方米的网红冰雕墙，成为四川最大的冰雕造型。本届冰雪温泉节在去年冰雪奇缘主题乐园的基础上，将高山区雷洞坪滑雪场划分为"冰雪天地娱乐区""童萌世界游艺区"和"配套功能服务区"三大区域，体现"好耍、欢快、互动、养眼、研学"五大亮点。本届冰雪温泉节的举办，也标志着峨眉山冰雪温泉节这一四川十大民俗节日迎来了20岁生日。20年来，峨眉山冰雪温泉节是一代人的美好回忆，也成为了峨眉山旅游的一张名片。20年来，从昔日单"冰"作战到家庭亲子冰雪体验全面升级，峨眉山冬季旅游已自成一派，成为中国低纬度高海拔冰雪体验的成功样本。

◎ 乐山庙会

庙会，又称"庙市"或"节场"，是乐山民间宗教及岁时风俗，一般在农历新年至元宵节举行，其形成与发展和地庙的宗教活动有关，多设在庙内及其附近，进行祭神、娱乐和购物等活动。峨眉山飞来寺和乐山凌云寺一直以来香火鼎盛闻名远近，逢年过节数以万计的善男信女们前往寺庙烧香祈福的习俗，逐渐形成了峨眉山大庙庙会和嘉州大庙会。

峨眉山大庙庙会，起源于清代，地点在距离峨眉山市城北2.5千米的大庙飞来殿。该庙宇是全国重点文物保护单位，一开始供奉的是道教神像"泰山神"。北宋重修时为"天齐王行庙"。明代时峨眉山天台庵的和尚云游到此，看到这里地势绝妙，环境幽深，始建佛教殿宇，名为"飞来寺"。从此，佛道并存，香火鼎盛，庙宇规模宏大，民间称其为大庙。在每年的农历正月初八，来自乐山、成都、西昌等地的几万群众自发聚集大庙飞来殿，朝拜祭祀，"大庙庙会"从此形成，流传至今。庙会期间，通往飞来殿的路上，人头攒动，热闹非凡。随着社会的进步，大庙庙会的内容已经逐步从单一的祭祀追思转变为多元化的民间文化活动，除了烧香祈福，沿袭传统的习俗外，更多的人到此游览观光、郊游踏青。一年一度的大庙庙会，既是老百姓自发形成的一种民俗传统，也是传统文化、民俗风情的集中体现。2007年，峨眉山大庙庙会列入省级第一批非物质文化遗产保护名录。

嘉州大庙会至今已有约二千多年历史。最早集会的地方在城东，主要是进行卜占活动，又被称之为春会。始办嘉州春会的人是蜀王，他教民务农，进行占卜，预测农业收成。南宋灭亡后，庙会的主会场迁至东山下（现任家坝），会场在牟子、土主、苏稽、安谷。庙会举办时间在农历正月初三至十五。庙会会场搭有戏台子，主要进行川剧、清音、舞蹈表演。随着时代的发展，古老的庙会亦增添了不少新内容。如今，每逢春节至正月十五，"嘉州大庙会"就在城东嘉定坊和天街举办舞狮、嘉州民俗表演，嘉州老照片展、非遗展演、民间手工艺展、大型游艺、特价书市、川剧、武术、灯谜、杂技和特色美食等活动。

人们可以穿着特殊的服饰，品尝特色小吃、观看传统表演、体验民俗风情、享受趣味游戏以及欣赏漫天烟火等。

◎ 五通桥龙舟会

五通桥龙舟会起源于清代顺治年间，兴盛于乾隆年间，作为一种固定的民间节会，是以井盐文化为主题的龙舟会，至今已经有三百多年历史。五通桥因盐而兴，五通桥龙舟会的产生发展、内容形式都是围绕五通桥独有的盐业经济、盐业文化特质而展开的。龙舟会所用的"舟"是用装盐的船改装的，举办龙舟会旨在促进盐业文化与龙舟文化的相互融合、相互促进。

1953年，五通桥以政府名义举办了首届龙舟会。在《乐山龙舟文化风采》一书中，清晰记载着1954年、1955年、1957年五通桥龙舟会的盛况，其规模一年赛过一年。进入20世纪80年代，五通桥龙舟会的规模和项目得到进一步拓展，龙舟比赛年年开展，规模越来越大。龙舟赛的主题不再仅限于对龙的祭祀和祈福盐业兴旺，不仅有划龙船抢鸭子，还有传统龙舟与标准龙舟比赛；既有造型龙舟游江展示，还有彩船、彩台装饰评比、夜晚焰火燃放等。四川省1985年、1988年"川江杯"龙舟赛，1990年全国第五届"屈原杯"龙舟赛等省级和国家级龙舟会多次选择在五通桥举办。1988年，五通桥区被四川省体委授予"龙舟之乡"称号。

进入20世纪90年代，五通桥端午龙舟会举办时间进行了调整，由一年举办一次改为三至四年举办一次。进入21世纪，五通桥龙舟会改为每届政府举办一次，引入多元的文艺展演，每届龙舟会都有创新设计，每届盛会都有精彩看点。

2006年，"五通桥龙舟竞技"被列入四川省第一批非物质文化遗产保护名录。

第二节
特色产品

从石器时代有人类在这片富饶的土地上活动开始，乐山这座城市的味道就随着历史的更迭，不停地迁徙、流变，终成了属于自己的味觉记忆。

◎ 美食和小吃

鱼火锅。乐山的鱼火锅在火锅界独树一帜，注重"麻辣鲜香脆"。乐山有着得天独厚的地理环境，青衣江、大渡河、岷江等穿城而过，水产资源丰富。黄辣丁、松花鱼、潜鱼等鲜活鱼类均是乐山鱼火锅的首选材料。"香"是清香可口。所谓"脆"，是指鱼火锅的蘸碟最有特色，里面有大头菜、黄豆等脆爽的材料，加上藿香、小米辣椒，口感极佳，是乐山人宴请宾朋好友的佳肴之一。遍布乐山各地的鱼火锅，又以乐山岷江边上的王浩儿河鲜港最为知名，是中心城区船上鱼火锅集中地。

西坝豆腐。西坝豆腐是乐山的传统名菜，其制作工艺为省级非物质文化遗产。西坝属五通桥区，自古为水陆交通枢纽，人称"西坝水码头"。这个以豆腐闻名的小镇，距乐山20多千米，境内溪流密布且水质极好。用当地水源和黄豆磨制出的豆腐洁白、细嫩、绵软而有韧性，入口化渣、回味清甜。西坝豆腐历史悠久，起源于东汉时期，兴盛于明朝万历年间，距今400多年。西坝豆腐品类繁多，有熊掌豆腐、一品豆腐、灯笼豆腐、绣球豆腐、桂花豆腐、雪花豆腐、三鲜豆腐、盖碗豆腐等数百个品种。

临江鳝丝。临江鳝丝是起源于市中区临江镇的特色美食，距今已有百年历史。相传镇上有个罗姓大户，特别喜欢吃黄鳝，而且只吃黄鳝背脊上最鲜嫩的两条肉，因此对于黄鳝的需求量很大，为他做饭的人反复尝试，将黄鳝的味道做得出神入化，令其百吃不厌。后来，人们养成了吃黄鳝的习惯，而且掌握了烹饪黄鳝的方法，并依地名取名为"临江鳝丝"。临江鳝丝讲究细节，黄鳝要先放进清水养几天，让它吐尽肚子里的泥，去掉泥气，烹饪时需要加入豆瓣、花椒、辣椒、葱姜末、椿芽、香菜等20多种调料。事实上，现在大家口口相传的临江鳝丝，包括3个菜品：临江鳝丝、临江鳝段和油炸鳝排，其中鳝丝和鳝段都是无骨的，油炸鳝排则是由剔完肉的鳝鱼骨头油炸而成。

清蒸江团。江团是乐山名贵鱼，学名长吻鮠，特终年栖身于嶙峋险峻、水深流缓的水下10余米岩腔，捕捉困难，十分珍贵。江团多栖息繁衍于峡谷幽深、江水回旋的乐山市市中区悦来乡的平羌小三峡"鱼窝"。宋代著名文学家苏东坡称赞它是同海参、鱼翅媲美的席上珍品，在宋代被列为贡品。清蒸江团皮嫩肉滑，细腻爽口，异香扑鼻，系国宴佳肴，也是乐山独特的名食。20世纪50年代初苏维埃主席团主席伏罗希洛夫、70年代初赞比亚总统卡翁达访问中国时，国宴上即有鱼窝江团。此菜载入《中国名菜集锦》。

雪魔芋烧鸭。雪魔芋是峨眉山的特产，也是当地僧人的传统食品，在国内外享有极高的声誉，为中国地理标志保护产品。魔芋掩埋于冰雪之中冻结后，内部形成许多小孔，烹调时更易入味，质地松软，入口味鲜，风味独特。雪魔芋烧鸭这道菜用产自峨眉金顶的雪魔芋和放养于峨眉半山的土生旱鸭烹制而成，旱鸭肉质饱满弹牙，经过冰雪冻制的雪魔芋松软入味，是峨眉山传统的养生菜肴。

甜皮鸭。乐山著名美食之一，又称"卤鸭子"。"甜皮鸭"选用放养的土仔鸭，沿用清朝御膳工艺，精制而成，其卤水除使用常规香料外，配以多种名贵中药材，选料精良，做法精湛，工艺考究。鸭子经过卤制后，涂抹精心熬制的红糖，使其色泽棕红、皮酥略甜、肉质细嫩、香气宜人，是乐山人餐桌上常见的一道美食。目前，"甜皮鸭"已走出乐山，享誉全国，成为乐山人馈赠亲朋好友的特色风味礼品。

峨眉烟熏鸭。主产于峨眉山市一带的乐山名食，距今已有200多年历史。烟熏鸭选用当地农家喂养的七八个月大的鸭子，经过腌、熏、卤等工序制作的鸭肉色泽红亮，肉嫩味鲜，香气诱人，是下酒佳肴。

福禄泉水鱼。福禄泉水鱼还有一个别称叫"中正鱼"，据传，在抗日战争时期，蒋介石来到乐山峨眉，在餐席上品尝"清蒸泉水鱼"时，感觉味香肉嫩、鲜美适口，突然高兴问到"这是什么鱼，如此可口？"当地人告诉他："这是我们大渡河上游福禄古镇一带稀有鱼类，叫泉水鱼。"蒋介石在峨眉住的那段时间，经常点"泉水鱼"这道菜。

苦笋炖汤。苦笋是乐山市的特产，主要种植于市中区的九峰镇、凌云乡，峨眉山市的川主乡和沐川县。其中，又以沐川苦笋最为知名，现已形成数万亩苦笋基地。苦笋味苦且甘，性凉而不寒，具有消毒解毒、减肥健身、健胃消积等功效。苦笋多用于炖鸡汤、凉拌，或以排骨、咸菜配制成苦笋煲等，乐山苦笋鸡汤味道鲜美，吃后令人回味无穷，是医食俱佳的上品。

麻辣烫。麻辣烫为乐山独创，于20世纪80年代初发源于五通桥牛华镇，因食材穿在竹签上，又称"串串香"。早期的麻辣烫是在自行车后架的两边分别放一个砂锅和各种菜品，一串一串的烫，食客在一个盘子里蘸辣椒面食用。后来不断发展，现今先将锅中的火锅底料汤猛火煮沸，然后手拿一串串荤菜、素菜，放进汤中烫几分钟，即可取出食用，俗称"烫串串儿"。麻辣烫制作精巧，如牛肉片要经过腌制，再裹上泡椒、香菜等穿于竹签之上，烫煮后佐以香油、蒜泥、大头菜、花生颗粒等配制的油碟或辣椒面食用，味道鲜香、口感丰富。麻辣烫是乐山有名的美食之一，受到男女老少的喜爱，遍布街头巷尾。

跷脚牛肉。跷脚牛肉是乐山一道名菜，发源地在乐山市中区苏稽镇一带。制作原料主要有牛肉、牛舌、牛耳、牛尾、牛内脏等，佐以干辣椒等味碟，具有汤色清亮、香味绵长、牛杂脆嫩、吃法多样的特色。相传清朝末年，有位宅心仁厚的罗姓老中医，时常在苏稽河边悬锅烹药，救济行人。罗老中医看到很多贫苦百姓食不果腹，便将富贵人家弃之不要价格低廉的牛内脏处理干净，辅以中药材精心烹制成汤锅，免费供给百姓食用。热腾腾的汤锅不仅鲜香味美，而且防病治病，食者络绎不绝，由于地方有限，没有凳子，大家把脚踏在长条桌下的横木上，便形象地称之为"跷脚牛肉"。跷脚牛肉发展到现在，工艺和汤味不断改进，受到不同阶层、各地来宾的喜爱。

豆腐脑。起源于市中区、五通桥区，峨眉山市、夹江县一带，有上百年历史。分为牛华牛肉豆腐脑、峨眉酥肉豆腐脑以及夹江豆腐脑三大系列。味道特点是麻辣酸香、酥脆滚烫，素有乐山人的“早茶”美誉。乐山豆腐脑制作方法独特，不是以豆花为主，而是以美味的汤汁勾芡而成的汤头为主。用大头菜颗粒、炒黄豆或炒花生米作底，加大半碗用骨头汤勾芡的淀粉浓汁，再加细嫩豆花、芹菜和熟油辣椒，味道鲜香麻辣。

钵钵鸡。源于乐山的特色小吃，由白斩鸡发展而来。“钵钵”就是瓦罐，钵内盛放配以麻辣为主的佐料，菜品经特殊加工后用竹签或铁签串制，晾冷浸在各种口味的佐料中，食用时自取自食，又称“冷串串”。钵钵鸡发展到今天，还融入更多的饮食元素，荤素菜品皆可，麻辣清淡皆有。

乐山豆腐干。产于沙湾区太平镇、夹江县华头镇、五通桥区西坝镇的名小吃。将新鲜豆腐阴干后制作豆腐干，在发酵过程中放入木香、茴香、丁香、白香等多种香料熏浸，然后凉干制做成豆腐干，其外表色泽金黄、中间嫩白，口味香嫩。乐山豆腐干从味道上可分为麻辣豆腐干、五香豆腐干等，从品牌上分为太平豆腐干、华头豆腐干、西坝豆腐干等。

马边抄手。最早出现在马边彝族自治县的一种抄手（馄饨），其特点是皮薄肉嫩，味美汤鲜。用猪肉末入盆加清汤、鸡蛋液、味精、胡椒面拌匀搅茸，形成馅心。用抄手皮包上馅心，成“菱角”形。味道有红油、清汤和干红油三种。

豆花咡。豆花咡，是乐山乡村餐桌上常见的一道让人记住乡愁的美味，透露出原汁原味的自然香气。乡间有一句俗语：“杀牛都等得，吃豆花咡等不得。”制作豆花，先把洗净的黄豆泡在清水里2小时以上，用石磨慢慢磨成豆浆，入锅制作豆花。豆花咡的衍生菜肴有豆花汤锅，将豆花和肉片、圆子、腊肉、海带等一起煮食，实惠又好吃。

乐山烧烤。烧烤是乐山的名小吃。将腌制好的牛肉、猪肉、排骨、仔骨或者素菜等主料放置于炭火上，边刷油边烤，待熟后放上辣椒、孜然和小葱等，是夜宵最佳之选。烧烤经外地传入并在乐山进一步发扬光大，特色菜品包括烤排骨、鱼片、五花肉、猪蹄、鸭舌、脑花、蚕蛹等。乐山烧烤味道正宗，够辣，够香，够爽，受到众多食客的追捧，如烤排骨比较干，一咬就脱骨，连骨头也是脆脆的；还有鸭舌，也特别香脆好吃。烧烤店分布乐山各条街巷，在乐山港、张公嘴、嘉兴路等地较为集中。

彝族坨坨肉。马边彝族自治县、峨边彝族自治县、沐川县、金口河区等地的特色美食。坨坨肉是一道彝族居住地区传统的美食，彝语称"乌色色脚"，意思是猪肉块块。因其每一块肉的重量均在二三两上下，成"坨"状（块状），所以叫"坨坨肉"。"坨坨肉"选取猪肉或羊、牛肉为食材，用水煮熟，掌握关键"火候"，不下任何佐料；肉熟后捞起，制作时除了常规的盐、蒜、花椒等佐料外，还要加入彝族特有香料木香子。吃时需用双手拿肉，趁热即食，味道独具特色。

白斩鸡。又称白切鸡、凉拌鸡，是乐山本土原创的有名风味食品美食，已有上百年历史，发展至今，味型已有七八种之多，常见的有麻辣味、怪味和藤椒味三种，主要集中在乐山市中区、五通桥区、峨眉山市、夹江县一带。白斩鸡选用上好土鸡清煮，后以凉水冷却后切块，配红椒油、花椒粉等佐料凉拌，其味鲜、嫩、香、麻、辣，驰名川内。清朝末年到民国初期，嘉州白斩鸡以杨双喜父子制作的最有特色，俗称"杨鸡肉"。白斩鸡也是大文豪郭沫若最为喜爱的家乡食品，他在回忆录中写道："想到家中鸡与肉，口水流来万丈长。""白切鸡我觉得以乐山为最好的，乐山的白切鸡之嫩，汁水之味美，实在是一种奇妙的艺术品。"据传朱德、邓小平等领导人均品尝过白斩鸡并赞誉有加。

烧麦。烧麦流行于全国，乐山的烧麦具有皮薄馅多、造型美观、荤素兼备、营养丰富的特点。玻璃烧麦皮薄、熟制后皮料浸油呈半透明状，透过皮可见内馅。最有代表的乐山港东大街的老字号宝华园烧麦和海汇园老烧麦两家店。

蛋烘糕。乐山著名的糕点小吃，用鸡蛋、发酵过的面粉加适量红糖调匀，在平锅上烘煎而成。加上肉松、牛肉、奶油、巧克力、豇豆、果酱等配菜，吃起来酥嫩爽口，口感特别好。

油炸串串。深受乐山人喜爱的一种名小吃。把肉和菜串在竹签上，然后拿到卤油锅里炸，炸到香脆后蘸料吃。乐山油炸串串油而不腻，脆而不焦，其蘸水更是具有乐山特有的麻辣鲜香特色，配以香浓的卤水，鲜美无比。油炸是否美味爽口，卤油是灵魂，各家店都有自己的秘制调料，串串在卤油里面来回翻炸，完美吸收了香味；蘸料是点睛之笔，多以辣椒面为主，将新鲜上等朝天椒，炒成辣椒面，再加上盐、花椒调味，既保留辣椒原有的辣香味，又不抢了油炸的味道；下锅时间决定口感好坏，不同的食材都能被炸到各自最好吃的程度，五花肉炸得酥脆，牛肉嫩滑又带点嚼劲，鸭舌炸得两边脆中间软，玉米粒炸得脆中带甜，四季豆炸得耙软有味，一切都恰到好处。乐山油炸小店遍布街头巷尾，最为出名的是县街与长药两家。

◎ 地方特产

竹叶青绿茶。竹叶青绿茶是中国名茶系列之一，1964年由陈毅定名，是中国高端绿茶代表品牌。茶鲜叶产于四川省峨眉山海拔600～1500米的山区，在清明节前采摘，精心选用单芽和一芽一叶初展，经过初、精制加工及冷藏保鲜、除氧充氮包装等工艺制作而成，每制作500克竹叶青需要35000～45000棵明前鲜嫩茶芽。茶叶外形扁平光滑挺直秀丽，色泽嫩绿油润，香气嫩栗香、浓郁持久，汤色嫩绿明亮，滋味鲜嫩醇爽，芽叶完整，叶底黄绿明亮。冲泡时茶芽棵棵分明，遇水直立，上下沉浮，被誉为"茶中翡翠"，被多次选作国礼赠送国外元首，"平常心·竹叶青"品牌也家喻户晓，深入人心。

犍为茉莉花茶。乐山市犍为县特产，中国国家地理标志产品。犍为茉莉花茶是以川西南地区中、小叶种茶树独芽、一芽一叶、一芽二叶初展的鲜叶为原料，经精制加工成茶坯，配以"金犍茉莉"鲜花及尖瓣、多瓣茉莉鲜花窨制，经"择花、炒花"等特殊工艺制作而成。茶叶外形紧细卷曲或条形细长，细嫩有毫，嫩绿色润，有锋苗，滋味醇爽回甘，叶底柔嫩匀亮，花干洁白，花香浓郁鲜甜，沁人肺腑，汤如春水，清澈嫩绿明亮，茶味独具特色，春茶清香，夏茶梨香，秋茶醇香，冬茶莲香，饮后齿颊留香。

德昌源"桥"牌豆腐乳。豆腐乳是由豆腐经过特定霉菌发酵后，加入各种香料腌制而成的发酵制品。"桥"牌豆腐乳生产企业德昌源酱园厂创建于清代同治年间，距今已逾150年。"桥"牌豆腐乳中有一种天然微生物霉菌——"中国五通桥毛霉"，这种霉菌使得五通桥豆腐乳别具风味。"桥"牌豆腐乳制作工艺细腻严谨，一直采用传统手工艺生产。从磨浆、点脑到定型、蒸胚、划胚、培菌，全密封发酵都有一套严格程序，选材也很讲究。黄豆选取不含盐碱的西坝产的小黄豆，用凉水井的水浸泡适度，精推细磨，大坛储存、小坛出售，被中国商务部评为"四川特产"、四川商务厅评为优质产品，获中国首届食品博览会银质奖，首届巴蜀食品金奖。2009年"桥"牌豆腐乳制作技艺被列入省级第二批非物质文化遗产保护名录。

沐川甩菜。主产于沐川县，精选优质无公害羊角菜（芥菜）为主料，采用民间传承的特殊配方工艺腌制而成。鲜香脆嫩、低盐保健的独特风味品质受到消费者青睐，成为与涪陵榨菜媲美的一个特产，是居家旅游、休闲佐餐的方便小吃，也是沐川县的一张美食名片。

叶儿粑。又名猪儿粑、鸭儿粑，是遍及乐山城乡的风味名小吃，因其制作时用植物叶包裹蒸食而得名。叶儿粑用糯米细粉做皮，用白糖、花生、核桃、芝麻作馅，或用猪肉、芽菜等配料做馅，蒸熟即可食用，具有色泽淡绿、滋糯、咸甜兼备、清香可口的特色。

天福茶食品。位于夹江县境内的天福公司依托乐山丰富的茶叶资源及优越的茶叶品质，将茶叶多元化利用，生产出"天然、健康、新口味"的茶食品。公司研发、生产出"乐山特产——大佛糕""峨眉特产——核桃茶酥"等旅游食品，是馈赠亲友的佳品，深受国内外游客的喜爱。

罗城海氏牛肉。罗城海氏牛肉选用特级牛肉与多种中药材和天然香辛料进行配制后，再经过十几道严格细致的加工工序精制而成，具有色香、味美等特点。如今的罗城海氏牛肉在继承先辈的优良传统的基础上，经过精心的改良和创新，研制出了适合现代人口味的系列牛肉食品，共有十几大类、上百种品种，如干巴牛肉、灯影牛肉、灯影牛肉丝、金丝牛肉、麻辣牛肉、五香牛肉、火鞭牛肉、手撕牛肉、牛肉棒、牛肉粒等，系列产品远销北京、上海、重庆、成都、广州等省内外城市，成为乐山人馈赠外地亲友的佳品。2017年，罗城海氏牛肉被列入乐山市第五批非物质文化遗产保护名录。

苏稽米花糖。产于市中区苏稽镇，始于清代以前，是乐山传统名产。苏稽米花糖以白芝麻、花生仁、糯米和香油为原料，具有酥、香、脆、甜、化渣等特点，具有米花清香味，其制作工艺被列入省级非物质文化遗产保护名录，也是中华老字号产品，主要品牌包括苏稽、张吉武、苏卫等。

此外，乐山美食还包括富油泡粑、峨眉白肉、峨眉糕、腊肉、马村鱼头、大头菜、葱油饼、龙须笋、猕猴桃等。

◎ 特色工艺品

夹江年画。夹江木版年画享有盛誉，历史上与绵竹、梁平年画齐名，是四川三大年画之一。夹江年画起源于明代万历、天启年间，借助夹江造纸的便利条件，到清乾隆年间有夹江"董大兴荣""李宏发号"

等号铺专制印绘作坊；到清同治、光绪年时已相当发达，木刻年画和手绘年画在民国时期内容近百种，远销湖广、云贵及东南亚。2008年，夹江年画被列入国家级非物质文化遗产名录。

夹江年画植根于民间，取材于生活。题材主要有门神及祈盼平安吉祥、风调雨顺等。其工艺在全国年画中别具一格：一类采用优质梨木雕版，经过多次套色印制而成，全手工操作。其用色多为以矿植物自制的天然颜料，色彩艳丽，久不褪色，奇异的是遇阴雨天颜色更显鲜明，故山区民众流传着"夹江年画能驱鬼魅山魈"之说。另一类为墨稿填色，线条粗犷，对比强烈，战袍多采用鸳鸯笔法晕染而成，色彩明快，塑造的人物威仪庄严，具装饰性和观赏性。目前，波兰华沙国家博物馆、日本国家博物馆、三峡博物馆、四川省博物馆等还收藏有夹江年画作品。

1963年，夹江年画两幅"黄丹门神"被中央艺术研究院收藏。2011年3月，夹江年画研究所作品《女门神秦良玉》《御前侍卫》《鞭铜门神》入选首届民间工艺百家精品展。2012年11月，夹江年画研究所作品《女门神秦良玉》《鲤鱼跳龙门》荣获乐山市第六届"郭沫若文艺奖"。2015年6月，作品"鲤鱼跳龙门"获四川工艺美术精品展金奖；12月，第十一届中国（深圳）国际文化产业博览交易会冬季工艺美术精品展，作品木版年画《陈姑赶潘》荣获金奖。2016年3月，中国工艺美术协会在南京举办的"第51届全国工艺品交易会"，作品"神荼郁垒"获优秀奖。

夹江书画纸。夹江书画纸是四川省夹江县特产。2012年，夹江书画纸成功获批国家地理标志保护产品称号。

夹江手工造纸始于唐，继于宋，兴于明，盛于清，拥有一千多年历史，素以质量佳、技术精、品种多、宜书宜画、历史悠久而载誉巴蜀。康乾时期，更成为"贡纸"和"文闱卷纸"。抗战时期，夹江手工造纸生产达到鼎盛，年产量约8000余吨，居全国之冠。20世纪40年代，国画大师张大千先生先后两次来到夹江马村石堰与纸农石子清共同研制出著名的"蜀笺""莲花笺""大风堂"专用书画纸，与安徽宣纸同被誉为"国之二宝"。历经千年，夹江纸至今仍然完整地保留了"蔡侯"造纸技术，完全按照明代《天工开物》记载的古法工序生产，是竹料制纸的典范。其传统手工技艺曾多次到美国、加拿大、意大利等国家展示，被誉为"东方艺术瑰宝"。

20世纪80年代末，夹江县建成了全国首家纸类专业博物馆——夹江手工造纸博物馆。1994年，夹江县"云鹤"书画纸在第五届"亚太地区国际博览会"上获"亚太金奖"。2003年"雅艺"牌书画纸，2010年"华艺"牌、"双宝"牌、"云龙"牌、"志康"牌书画纸分别在第14届与第25届全国文房四宝艺术博览会上，评获中国文房四宝行业产品金奖，中国文房四宝十大名纸，并授予"国之宝"荣誉证书。2006年，夹江竹纸制作技艺成功申报为首批国家级非物质文化遗产；2009年11月，夹江县成功申报为"中国书画纸之乡"，并于2010年10月在北京人民大会堂由中国轻工业联合会和中国文房四宝协会授牌。2013年被命名为全国中小学生书画用纸产业基地。

宋笔。宋笔，也叫"嘉州宋笔"，是苏轼、黄庭坚到嘉州大佛寺、乌尤寺等地游历时，题词使用的"妙笔换群鹅"的笔更名而来的。宋笔是在继承宋代抓笔生产技术的基础上，在制作和材料上加以发展而成的。它既保留了宋代抓笔的特点，又增加了新的特色。宋笔不仅有一般制笔所用的健豪和柔豪，还有峨眉山区特产的一种强豪，在制笔的时候，采用特殊工艺，使这种强豪和健豪、柔豪配合得体，刚柔并济，使宋笔笔锋尖齐、腰力好、弹性好、收锋好，不散不乱，蓄墨适度。宋笔以其独特的用料，精湛的工艺，赢得了社会的认可。书画家徐悲鸿、米南阳、黄苗子、何海霞、费新我、娄师白等先后为乐山宋笔题词作画。1982年，乐山宋笔获四川省优质产品称号。2009年，乐山宋笔制作技艺被列入四川省第二批非物质文化遗产保护名录。

　　井研农民画。井研县是文化部命名的中国民间文化艺术之乡，是四川唯一中国农民画乡。井研农民画是反映农村生活和农民情感的一种民间绘画艺术形式，作品色彩鲜艳、构图饱满、造型夸张、变形变色，"画天、画地、画自己，画山、画水、画风情"，生动表现了农时、农事、农俗、农风、农景、农情，散发清新质朴的泥土芳香、浓郁多情的生活气息。《奔梦路上、霞光满天》《中国梦、好日子》《勤俭持家福运长久》等7幅井研农民画曾被中宣部采用，在中国文明网、中国网络电视台、《人民日报》广泛宣传推荐。

　　小凉山彝族刺绣。小凉山彝族刺绣是彝族服饰文化中的主要工艺，纹饰精美、色彩丰富。这些彝族绣品大多以黑色作底，颜色繁简不一，多的颜色有几十种，但是主色调突出，色彩虽然多，但不杂乱，富有韵味。彝族刺绣图案题材非常广泛，花卉、鸟兽、虫鱼、山川、日月、人物、几何图形等，无所不有，一般都与彝族民间习俗有关。如太阳纹、水纹体现对大自然的崇拜；用蕨芨纹表达顽强的生命力和多子多福的意念；以鸡冠纹、羊角纹、牛角纹、鸡肠纹表达希望财富和喜事临门的愿望。特别是乐山市峨边彝族自治县的彝族服饰独具特色，主要用棉麻织品缝制，男女老幼款式不同，色彩从传统的"黑、黄、红"三色中融入了突出象征和平、和谐的"蓝、绿"两种颜色，形成了款式多样、艳丽细腻、庄重大气、丰富多彩的峨边彝族服饰。

　　乐山根书。乐山根书全部以野生杜鹃根、红豆根为材料。以根为本，一根一字，一根成型。目前，乐山根书已成为文旅与经贸相结合的特色产业。五通桥菩提山上建有根书博物馆，市中区九峰镇也建有"桃源百姓"根书艺术中心。近年来，乐山根书先后多次参加对外文化交流会、文博会，作品受到各方好评。2012年，乐山根书参加欧洲巡展，从德国起步，随后巡展意大利、法国、英国。乐山也举办了"根石人家红五月之夜音乐会"、"中国首届根书艺术节"等根书展示活动，受到各界的关注和好评。

第三节
多彩民俗

有人说"思乡往往可以具体到一个河湾， 几棵小树，半壁苍苔"。让我们记住乡愁的不仅于此，还有那些在漫漫历史长河中，流传下来的，只属于这里的文化符号。

◎ 峨眉武术

峨眉武术发祥于峨眉山，至今已有近三千年的历史，是中华武术三大流派之一。相传，战国时期，司徒玄空在与峨眉灵猴朝夕相处中，模仿猿猴动作，创编了一套攻守灵活的"峨眉通臂拳"，学徒甚多。因为司徒玄空常着白衣，徒众尊称为"白猿祖师"。在明代，峨眉武术进入鼎盛时期，英才辈出，高手林立，其拳法更为精湛。当时有人著《峨眉七道人拳歌》称赞峨眉武术："浮屠善幻多技能，峨眉拳术天下奇。

根据峨眉武术各门派技术的技法内容、运动形式的不同，又大致分为峨眉高桩拳、峨眉矮桩拳、峨眉派兵仗、峨眉扣手法、峨眉散手法和峨眉练功法等。练峨眉派拳术技艺十分强调胆壮、气足、力雄、法准、机巧，既注重内气的修炼，又讲究形体的结合，似快而慢、快慢相间，似柔而刚、刚柔并济。峨眉武术特别注重武德、仁术、养气，要求练武之人必须有一颗善良的心，提倡练武以防御保身为主，作为抗击暴力的一种自卫手段，要求练武者要有人道主义精神和浩然正气。在全民健身活动蓬勃开展的今天，推广普及这一传统体育竞技具有现实意义。峨眉武术已列入国家级非物质文化遗产保护名录。乐山市常年举办的四川国际峨眉武术节就是以峨眉武术为载体的一项影响广泛的盛会。

◎ 沐川草龙

沐川草龙是用稻草编扎的地方龙灯艺术精品，通体金黄。沐川用稻草编扎草龙灯的历史可以追溯到唐代。据说沐川草龙是唐太宗御封过的，所以民间也称之为"皇龙"。草龙的形象经历几代人不断创新，从原始的草把龙发展到网状龙，再到时下精致无比的鳞甲龙。沐川草龙编扎技艺复杂，编扎一条50米长的草龙需要200多个人工，500多千克稻草，150多千克慈竹，采用编、织、绕等10多种工艺才能完成，形态逼真、精美绝伦。现在，舞沐川草龙是乐山地区节日庆典和文化活动中的重要表演内容。20世纪从80年代开始，沐川草龙就多次参加国际国内重大表演活动。1989年，沐川草龙队代表乐山市参加第二届中国艺术节，在四川分会场成都锦城艺术宫表演引起轰动，其间3次被指挥台调往中央表演区表演。1994年，沐川草龙在大佛节中参加表演，时任国务院副总理兼外交部部长钱其琛观看后高度赞扬"很有特色"。2003年，沐川草龙申报吉尼斯世界纪录获得成功，是世界上第一长草龙（长200.8米）。2008年参加北京奥运会乐山市火炬传递民俗文化展演，震惊中外来宾。同年，沐川草龙被列入国家级第二批非物质文化遗产保护名录。2011年，"沐川草龙"注册为国家级非物质文化遗产类地理标志集体商标。2012年，第八届中国文化产业博览交易会上，由沐川草龙传承人制作的6条"小金龙"成为亮点。

◎ 罗城麒麟灯

罗城麒麟灯是罗城镇一带特有的民间灯舞，深受百姓喜爱。麒麟灯起源于清代，至今已有三百多年的历史，其造型独特、设计精美。罗城麒麟灯的表演和其他灯舞相比，独特之处在于，它有较为完整的故事情节。传说七仙女与董永相爱生下一子，后被强行分开，董永强压悲愤，一心苦读，高中状元，玉帝听闻后，派天将送董永的儿子乘坐麒麟下凡，送归董永，这就是"麒麟送子"的故事。罗城麒麟灯的表演，就是围绕这个故事展开的，表演现场热烈、喜庆。罗城麒麟灯的服饰、音乐、表演动作，也借鉴了川剧的表现形式，在传统灯舞表演上进行创新，使故事情节更加完整，表演阵容也更加宏大。有时候表演人数多达百余人，是民间灯舞中少有的庞大场面。

罗城麒麟灯多次参加市县举办的民间文艺表演和巡游活动，均获得了奖项，在川南地区民间灯舞中有自己的地位。2007年，罗城麒麟灯被列入四川省第一批非物质文化遗产保护名录。

◎ 峨眉高桩彩绘

峨眉高桩彩绘主要流传于峨眉山市境内的双福镇、符溪镇、桂花桥镇、普兴乡、川主镇等，特别是"双福高桩平台"最有名，手工制作技术最为精湛。据史料记载，峨眉高桩彩绘绑扎技艺起源于明朝1403—1424年间，距今已有近300年历史。当时盛行各种庙会，每个庙会的庆祝日，一些富裕人家都要举行游园活动。到清代时，这些活动得到进一步发展，将川戏的表演技法运用其中，逐步发展演变成了今天的高桩彩绘。高桩彩会用铁桩来承重，以重现传统戏剧的精彩片段为内容。将表演者（一般由小孩担任）扮演成戏剧中的各种角色，巧妙地借助服装、道具等遮掩，造成假象，让人看到表演者好像站在锋利的剑锋上，或者站在人的手指尖上，让人称奇叫绝。20世纪70年代起，高桩彩绘在传统节日举办时，逐步将人力抬游的"会墩"改在汽车上，利用滚珠轴承进行重新设计，使得高桩上的演员能够活动，同时将声、光、电等先进技术用于彩绘艺术之中，惊、险、奇、巧的艺术效果更加突出。峨眉山高桩彩绘绑扎技艺不仅在乐山有名，在省内外知名度也很高。中央电视台、四川电视台曾多次进行采访报道。天津市文化局还专门派人来峨眉山双福镇学习高桩平台绑扎技术。2007年，峨眉高桩彩绘绑扎技艺列入四川省第一批非物质文化遗产保护名录。

◎ 夹江麻柳堂灯戏

夹江麻柳堂灯戏是流行于夹江县麻柳、华头山区的一种传统民间戏剧剧种，至少有两百年的历史。新中国成立后，夹江县文化部门曾组建夹江麻柳堂灯戏队，在城乡开展巡回演出。夹江麻柳堂灯戏情节比较单一，上台表演的人物多为一男一女（女角是男角反串，70年代有女子参加），不受场地限制，堂屋、院坝随时都可以演戏。夹江麻柳堂灯戏活泼风趣、唱腔优美、语言朴实、诙谐幽默，具有浓郁的地方色彩和乡土风情。

目前，夹江麻柳堂灯戏的剧目约有50多个，多数是老师口传心授。唱腔曲调大致分为堂灯主调、民间小调、本地山歌和号子三种。舞蹈动作多为十字步。伴奏乐器以胡琴（二胡）为主，还有唢呐、笛子等。在60年代还保留着古老的大罗打鼓，现在已经改为了川戏锣鼓。

夹江麻柳堂灯戏内容多是民间故事，有对纯朴爱情的歌颂，有对嫌贫爱富的讽刺，有对为官不仁的鞭笞等。夹江麻柳堂灯戏演员都是当地农民，农忙种田、农闲演戏，除了在逢年过节活动外，平时也给乡邻婚娶寿庆、修房造屋助兴演出，深受群众欢迎。2007年，夹江麻柳堂灯戏被列入四川省第一批非物质文化遗产保护名录。

◎ 嘉阳河川剧艺术

"嘉阳河"川剧艺术，是指产生并流传于四川盆地西南部岷江、青衣江、大渡河三江流域，以乐山为中心的一个主要川剧艺术流派。因乐山古称嘉州，又名嘉阳，故有"嘉阳河"流派之美誉。"嘉阳河"川剧艺术起源于明清时期。这个时期，乐山地区戏曲节演出活动蓬勃开展，戏曲节目十分丰富，"好个嘉定府，遍街摆围起鼓"的民谣曾广为流传。经过多年的沿袭和传承，逐渐形成了独具特色的"嘉阳河"川剧艺术流派。以乐山市川剧团为代表的"嘉阳河"川剧艺术在表演上强调整体艺术的和谐统一，讲究舞台规范，特别注重台风，形成了严谨的艺术风格。在传承传统戏剧程式的基础上，从刻画人物出发，将唱念做打融为一体、推陈出新，达到完美表现剧情、感染观众的目的。

2009年，"嘉阳河"川剧艺术被列入四川省第一批非物质文化遗产保护名录。"嘉阳河"川剧艺术的代表——乐山文化发展研究中心川剧艺术研究院被授予国家级非物质文化遗产川剧传习展示基地。

◎ 小凉山彝族风情

乐山市境内的彝族主要分布在峨边彝族自治县、马边彝族自治县和金口河区，即小凉山区，彝族文化丰富多彩，部分彝族风俗被列入省级、市级非物质文化遗产保护名录。

彝族服饰美丽大方，独具风格，有性别、年龄、等级差别，主要有擦尔瓦、嘻绨帕、卜古等。刺绣是彝族服饰文化中的主要工艺。这些彝族绣品大多以黑色作底，颜色繁简不一，但是主色调突出，富有韵味。彝族刺绣图案题材非常广泛，一般都与彝族民间习俗有关。如太阳纹、水纹体现对大自然的崇拜；蕨岌纹表达顽强的生命力和多子多福的意念；鸡冠纹、羊角纹、牛角纹、鸡肠纹表达希望财富和喜事临门的愿望。乐山市的彝族服饰独具特色，主要用棉麻织品缝制，在传统的"黑、黄、红"三色中融入突出象征和平、和谐的"蓝、绿"两种颜色，形成了款式多样、艳丽细腻、庄重大气、丰富多彩的彝族服饰。

彝族爱饮酒，特别是"泡水酒"。"泡水酒"是彝家自酿的酒精类饮料，泡水酒味清醇香甜，像啤酒，酒精浓度一般在10度以上，2007年，彝族泡水酒被列入四川省第二批非物质文化遗产保护名录。

按照彝族传统婚俗，彝族成年男女要经历婚前、结婚和完婚三个阶段，每个阶段又有不同的礼仪和规矩。婚前，彝族女子要经历换童裙成人礼，在少女17岁的时候，由母亲或年长的妇女主持成人礼，经历了这番仪式后，彝族少女才能谈情说爱。结婚是彝族婚嫁过程中最热闹的阶段，男女双方亲戚朋友聚在一起，泼水、抢食、对歌、摔跤。2009年，彝族换童裙成人礼被列入省级第二批非物质文化遗产保护名录。2011年，峨边彝族婚姻习俗被列入省级第三批非物质文化遗产保护名录。

彝族年是彝族最重要的节日之一，彝语称"库诗"，是大小凉山传统的祭祀兼庆贺性节日。乐山市峨边、马边及金口河区的彝族新年是每年公历11月20日、21日、22日三天。彝族年的头夜叫"觉罗基"，全家人团聚杀鸡杀猪，迎接新年到来。过年第一天叫"库斯"，意为新年，主要内容是祭祖。第二天叫"朵博"，意为月首，主要内容是拜年。彝族拜年场面一分热闹，全村人通宵达旦喝泡水酒，唱传统年歌、跳锅庄舞。第三天叫"阿普机"，意为送走祖灵。2007年，彝族年已被列入四川省第一批非物质文化遗产保护名录。

彝族木器漆绘是彝族的特色工艺。彝族家居生活用品多是木器，彝族群众用土漆在木器上彩绘，绘制的图案主要是花鸟虫鱼，绚丽的纹饰和优美的造型浑然一体、和谐统一。

◎ 乐山贰柒拾

乐山贰柒拾，又称桥牌、字牌，是流行于四川乐山地区的一种数字纸牌类的娱乐益智的博弈竞技活动。据地方志记载，贰柒拾活动最先在码头搬运工人中兴起。清代中叶，乐山水上运输业繁荣发达，每天有数以万计的盐、煤下河上岸，为了便于搬运工人结算搬运费，就制作了一种竹制牌子，工人每扛一袋盐或者煤炭就发一个特制的牌子，所以称为竹签牌。牌上用汉字小写（黑色）一、二、三至十，共10张牌，满10个黑色竹签牌又换为用汉字大写红色竹签牌，分别写上大写的数字，壹、贰、叁至拾，共10张牌。一天完工后，凭竹签牌到指定地点领取搬运费。码头工人在闲暇之余，月竹签牌娱乐，久而久之，就形成了贰柒拾的雏形。到了民国时期，竹签牌改为纸牌进入家庭。这种纸牌形式简单，易学易懂，竞技规则在乐山不同地区也不尽相同。主要是三人对局，也有两人、四人和多人对局的打法。虽然贰柒拾只有壹到拾10个数字，只分红色和黑色两种，但排列组合千变万化，娱乐性强，特别吸引人，深受当地百姓的喜爱，其影响力渗透到成都、重庆和川西南一带。2006年，贰柒拾竞技被列入乐山市非物质文化遗产保护名录。

◎ 独特方言

乐山地处三江汇流之地，岷江贯穿南北，北至都江堰，南至宜宾，且延伸至泸州以及青衣江（岷江支流）流域的雅安地区。这片区域保存了大量古代汉语中的"入声"语音。乐山处在这个区域的中心位置，是最典型的入声方言区。与普通话和以成都话为主流的"四川话"相较，乐山方言具有自己独特的特点。

入声和音重。汉语普通话和成都话中的入声早已消失，而乐山方言保留的很完整。以乐山最著名的文豪郭沫若为例，"郭沫若"三个字全是入声。他的名字用乐山方言叫出来，因为发音重，所以特别响亮。

"儿"尾字在普通话和成都话中都发轻声且短促。在乐山，"儿"字尾音没有附着在前一个字的音节上发音，而是单独发音的，并且有阴平和阳平不同读音。为了区别，读阴平的写成"呀"，如"牛呀桥"；读阳平的写为"儿"，如"幺妹儿"。

沿用了很多古代词汇。唐宋时的不少词语，乐山方言还经常用到。如"向火"，指天寒时烤火。唐·元稹《拟醉》诗："九月闲宵初向火，一樽清酒始竹杯。"再如"转筋"，指小腿抽筋。宋·米芾《戏作呈司谏》诗："我曾坐石浸足眠，时项抵水洗背肩。客时效我病欲死，一夜转筋著艾燃。"

从现有的《切韵》《唐韵》《广韵》等古代语音记载的书来看，千年前的古人话音和当今的乐山话极为相似。

第四章

辖区 辖市 辖县

市中区

——海棠香国　佛佑嘉州

◎ 区情简介

　　乐山市市中区地处四川盆地西南边缘，位于岷江、青衣江、大渡河三江汇流处，面积837平方千米，辖7个街道办事处，15个镇、10个乡，常住人口约68.7万人。市中区历史悠久，古称嘉州，得名于"郡土嘉美"之意，距今已有2300多年历史。春秋战国时期这里是蜀王开明氏的故治，实行郡县制后，在这里建置南安县，后来又使用过平羌、峨眉、青衣、龙游、嘉祥、乐山等名称。1985年，改置市中区，成为乐山市市辖区。市中区区位优势明显，是乐山市中心城区所在地，距成都约120千米。境内基础设施完备，水陆交通便捷，成乐、乐雅、乐自、乐宜高速交汇，成绵乐城际铁路直通成都双流国际机场。拥有乐山港和500吨大件码头，可直达长江沿岸各大港口，距成昆铁路二类口岸30千米。

◎ 经济社会发展

　　近年来，市中区经济社会持续稳步健康发展。2018年，全区地区生产总值完成350.2亿元；规模以上工业增加值增长7.6%；全社会固定资产投资完成240.1亿元；地方一般公共预算收入完成12.5亿元；社会消费品零售总额完成172.3亿元；城镇居民人均可支配收入34688元；农村居民人均可支配收入17576元。市中区依托峨眉山—乐山大佛世界自然与文化双遗产，加快发展以旅游业为龙头的现代服务业，全区文旅经济、现代商贸、现代物流日益繁荣。大力实施新型工业化发展战略，重点培育电子信息、生物制药、新材料新兴产业，已发展规模以上工业企业102户，乐山市工业集中区建成面积达2.1平方千米，入驻企业138户。大力发展现代农业，畜牧、蔬菜、花木、水产四大农业主导产业不断发展壮大，已发展省级、市级龙头企业29户，农民专合组织414户，家庭农场132家。

◎ 文化旅游资源

　　市中区历史悠久，境内文物古迹、风景名胜众多，除了拥有举世闻名的乐山大佛外，还有嘉州东方佛都、乌木文化博览苑、金鹰山庄、天工开物等4个3A级以上景区。此外，还有嘉州绿心公园、嘉州长卷和嘉定坊等景点。市中区的地方小吃也独具特色，比如跷脚牛肉、钵钵鸡、油炸串串，这些美食集中在市中区张公桥美食街、嘉兴路美食街、天街夜市、慧园街、清风街、宝马街等地方。

　　金鹰山庄。金鹰山庄位于市中区乐夹路，是国家3A级景区，占地500余亩，是四川省五星级乡村酒店，也是一处集休闲度假、旅游观光为一体的旅游景点。山庄内亭、台、楼、榭相映成趣，每年夏季，山庄内荷花竞相开放，美不胜收。山庄的荷花宴、荷叶茶、荷花酒也很有特色。

　　天工开物文化旅游景区。天工开物文化旅游景区位于中心城区青江片区，是国家3A级景区，占地7200平方米，是一处水晶博物馆。展馆通过环幕投影、水幕投影等声、光、电多媒体现代科技手段，为游客展示乐山地区的佛教文化和水晶文化。

　　平羌小三峡。平羌小三峡位于市中区北部岷江河段，是古时候出川的水路必经之地。这里河道迂回、风光优美，诗仙李白曾在这里留下了"峨眉山月半轮秋，影入平羌江水流"的佳句。沿江有李白钓鱼台等40多处景点。这里出产的荔枝也很有名，如今这里还有400多株百年以上的荔枝树。

　　老霄顶。老霄顶位于中心城区高标山上。北周时期，山上修建了弘明观，隋朝又修建了飞天神王殿，北宋时改名为万寿宫，又叫神霄玉清宫，老霄顶的名字就是这样得来的。现在，老霄顶还有万寿宫、万景楼、灵官殿等古建筑。

　　嘉州绿心公园。绿心公园位于中心城区，面积10.7平方千米，是中国地级市中最大的城市绿心。绿心公园森林覆盖率高，有乐山"城市之肺"的美称。绿心公园内建有长10.16公里的绿心环线，与绿心湖、肖坝崖墓公园、运动休闲公园等形成"一环串六园，五湖润绿心"的休闲旅游度假区，可供市民和游客休闲、散步、骑游。

嘉州长卷和嘉定坊。嘉州长卷和嘉定坊位于乐山大佛景区附近，是一处仿古建筑群景观，有嘉州版"清明上河图"之称。这里集旅游购物、休闲娱乐和工艺品、土特产展销为一体。漫步嘉定坊，仿佛步入古嘉州3000年历史文化长河中。

乐山广场。位于中心城区柏杨新区中心，地处嘉州大道、凤凰路、柏杨路交叉路口，背倚城市绿心，草坪绿化面积12万平方米，有16尊与乐山紧密相关的历史文化名人雕像，是市民休闲放松的地方。

五通桥区

——泛舟小西湖　相约五通桥

◎ 区情简介

五通桥区位于四川盆地西南部，面积465平方千米，辖11个镇，1个乡，常住人口约31.9万人。五通桥因境内有一座名叫五通的庙和老桥，当地人把这两者合起来称，就叫五通桥，是一个因盐业兴盛而逐渐兴旺的地方。五通桥区历史悠久，有建制的历史已经有2300多年。1985年5月，经国务院批准成立了乐山市后，五通桥区设置为县级区域，归乐山市管辖。五通桥区是西南出海水路交通要道，区位优势好，公路四通八达，十分便捷。国道213、省道103穿越全区，距高铁乐山站40多千米，距成乐高速公路入口20千米，水路依靠岷江，可直通重庆、上海。这里拥有年吞吐能力30万吨的五通桥港桥沟码头。

◎ 经济社会发展

由于具有盐业资源和化学工业基础，新中国成立，特别是改革开放以后，五通桥区逐渐发展成为四川省重要的化工生产基地。2018年，全区生产总值176亿元，全社会固定资产投资112亿元，地方一般公共预算收入5.05亿元，社会消费品零售总额完成66亿元，城镇和农村居民人均可支配收入分别为34106元、14873元。近年来，五道桥区大力发展经济，产业结构不断优化，形成以盐磷化工、硅材料及太阳能光伏产业、机电产品加工、稀土为代表的优势产业，区内15万吨双甘磷、110万吨纯碱、45万吨烧碱、17万吨草甘膦、2万吨多晶硅、2.6万吨稀土应用等产品规模居全国、全省前列。农业发展特色突出，是全国农村专合组织的发祥地之一，培育了全国百强协会1个，全省百强协会5个，形成了水果、茶叶、蔬菜、花木、畜牧五大特色产业，多次被评为全省"三农"工作先进区。第三产业稳步推进，龙舟文化旅游节定期举办，民俗旅游、红色旅游、乡村旅游取得长足发展，花木科技园被评为全国农业旅游示范点。

◎ 文化旅游资源

五通桥区融山、水、树、桥、城为一体，是一座富有特色的山水园林小城。这里环境优美、民俗独特、历史文化底蕴深厚，素有"小西湖"美称。国画大师徐悲鸿曾誉五通桥为"东方君士坦丁堡"。这里不仅有千年盐镇——牛华镇，有热闹非凡的龙舟会，有西坝豆腐、牛华麻辣烫等地方特色美食，德昌源豆腐乳等名优特产，还有五通桥花木科技园、五通桥"小西湖"、木鱼人家、丁佑君烈士纪念馆、桫椤峡谷自然生态风景区等旅游景点。

花木科技园。五通桥花木科技园位于五通桥区城郊，面积约5.6万亩，是全国农业旅游示范点，也是国家农业科技园区"一区多园"的园区之一。花木科技园核心区位于杨柳镇和牛华镇之间，花木种植面积1.13万亩，品种达460余种。科技园里川派盆景各具特色、茶花和黄角郁郁葱葱，是休闲旅游的好去处。

木鱼人家。五通桥木鱼人家是国家2A级旅游景区，里面有10余户各具特色的农家乐，掩映于茂林翠竹中。这里的农家乐从1984年起接待游客，1986年成为四川省首批外事旅游接待点。里面最有代表性的是王家花园，这家农家乐是乐山农家乐的"鼻祖"。这里地势较高，位置较好，登到高处可以将五通桥的"小西湖"风光尽收眼底。

"小西湖"景区。"小西湖"景区位于五通桥中心城区，是一处湖泊景点。清代诗人李嗣沅称赞这里是"垂杨夹岸水平铺，点缀春光好画图；烟火万家人上下，风光应不让西湖"。此后，这里就被人们誉为"小西湖"。湖边有几百株高大、苍劲雄伟的黄桷树沿河生长，树沿着河，河沿着街，街沿着树，呈现出别样的美景。

桫椤峡谷自然生态风景区。桫椤峡谷自然生态风景区位于五通桥西坝镇附近，峡谷内有5万多株侏罗纪时代的植物——桫椤树（国家一级濒危保护树种）。几万株桫椤撑起重重叠叠的绿伞，将峡谷荫蔽得幽深迷人，谷内空气清新，气候凉爽，岩崖峥嵘，溪水淙淙，令人心旷神怡。

丁佑君烈士纪念馆。丁佑君烈士纪念馆位于五通桥区菩提山上，是为纪念革命女英雄丁佑君而修建的，是四川省爱国主义教育基地。纪念馆1985年开馆，占地面积3000多平方米，纪念馆分为瞻仰厅、"佑君足迹"厅和"佑君故里"厅等5个部分，每年都有大批游客来这里祭扫烈士、瞻仰事迹，开展爱国主义教育。

沙湾区

——沫若故里　灵秀沙湾

◎ 区情简介

　　沙湾区地处大渡河下游、大小凉山与四川盆地过渡地带，面积611平方千米，辖1个街道办事处、8个镇、5个乡，常住人口约17.3万人。沙湾又称"南陵"，因南宋诗人范成大评"南陵"地处"灵山秀山水，沙岸湾环处"得名。唐代时期，这里称为柘林镇。新中国成立前，沙湾区归乐山县管辖。到1985年5月，经国务院批准成立了乐山市后，沙湾区设置为县级区域，归乐山市管辖。沙湾区距离成乐、乐雅、乐宜高速公路入口20千米，距乐山大佛37千米，距峨眉山19千米。成昆铁路、省道103线贯穿全境，乐沙城际生态大道、乐沙大道已建成通车，沙湾区与市中区、峨眉市、五通桥区形成了"15分钟交通圈"。

◎ 经济社会发展

　　沙湾区是乐山市的工业区，工业经济发展于全国"三线"建设时期。截至2018年，全区实现地区生产总值212.2亿元，全社会固定资产投资完成151.5亿元，城镇和农村居民人均可支配收入分别为34282元、14726元。目前，全区已形成能源、钢铁、机械制造三大支柱产业，有德胜钒钛、天华机械等支柱企业，德胜钒钛集团入榜中国民营企业、中国制造业企业500强。这里的不锈钢和钒钛钢产业已形成较为完整的产业链，辐射越南、缅甸、菲律宾、马来西亚、印尼等"一带一路"倡议合作国家。全区拥有国家高新技术企业7户、国家和省级企业技术中心9个、中国驰名商标1件、四川省著名商标2件、全国全省名牌产品7个，成功创建为国家新型工业化产业示范基地、省级经济技术开发区、四川省首批新型工业化产业示范基地、四川省特种钢高新技术产业化基地、四川省生态工业园区示范单位等，同时，沙湾区还被列入四川省5个千亿园区培育计划。这里农业繁荣、独具特色，现已形成50万亩特色林竹、4.5万亩优质茶叶、3.8万亩优质中药材产业，还有玉芽白茶等有机产品，沙湾的明仕蛋鸡专业合作社被评为国家农民合作社示范社。

◎ 文化旅游资源

沙湾是一代文豪郭沫若的诞生地。这里虽然工业相对集中，但是生态环境保护良好，旅游资源丰富，是乐山"名山、名佛、名人"旅游金三角的重要组成部分，除了拥有郭沫若故居、美女峰、大渡河国家生态湿地公园等著名旅游景点外，还有4个大渡河梯级电站库区、37个寺庙和古寺庙遗址、西南地区最大的龙岩自然攀岩基地等独特文旅资源。这里还有太平豆腐干、范店老腊肉、福禄泉水鱼、杨猪肝等地方特色美食。

叠翠坪休闲度假中心。叠翠坪休闲度假中心位于沙湾区嘉农镇新园村，是国家2A级景区、四星级乡村酒店，占地8600平方米，是一处集旅游观光、休闲度假等为一体的综合度假区，在这里可以春看鲜花、夏尝蜜果、秋赏红叶、冬烫火锅。

四峨梯田。四峨梯田位于沙湾区葫芦镇四峨村。景区内不仅有郭朝沛（郭沫若父亲）墓地、花山（杨家）古墓群、宏音寺（唐代）、老观音神庙、青龙洞等古迹，还有梯田、云海、瀑布等自然景观，是民宿旅游的好去处。

葫芦溶洞群。葫芦溶洞群位于沙湾区葫芦镇，距离沙湾城区18千米。溶洞群里的龙洞最为奇特，洞中有洞，洞洞相连，最深处达10千米，被称为"地下迷宫"。20世纪90年代被开发为"葫芦龙潭公园"。

太平桫椤沟。太平桫椤沟位于沙湾太平镇双星村。沟谷全长约3千米。沟里生长着植物活化石——桫椤树，茂盛的桫椤树生长繁衍在蜿蜒的沟壁处，与溪流、瀑布、峭壁和原生态树林互相映衬，美不胜收。

铜街子库区自然风光。铜街子库区自然风光位于龚嘴、铜街子两座大型水电站之间，是一处长33千米，面积24.8平方千米的水库库区，里面有数十座小岛镶嵌于水面，风光秀丽。库区沿岸还有四川最大的自然攀岩基地龙岩及硝斗岩瀑布、小石林等自然景观，景色秀美。

范店"一线天"。范店"一线天"在沙湾区范店乡，是一处长2千米、深200余米的峡谷。这里山势险峻，峡谷中有一条小溪流过，溪水清澈见底，溪水流出山谷汇成一处水潭。人在峡谷中行走时，仰望蓝天好像变成一条线，独有韵味。

三铜文化。沙湾独具特色的铜河文化，以铜河船工号子、铜河山歌、铜河花灯为主要内容，故称为"三铜文化"，是沙湾最具代表性的非物质文化遗产，其中铜河船工号子被列入省级非遗名录。

硝洞。硝洞位于沙湾区铜茨乡营业村，得名于这里近千年的采制熬硝历史，洞口是天然形成的溶洞，洞口有一条200多米高的瀑布，景色特别。

金口河区

——云上大瓦山 最美大峡谷

◎ 区情简介

乐山市金口河区地处雅安、凉山、眉山、乐山四地交界处，位于小凉山山脉中部，面积598平方千米，辖2个镇4个乡，常住人口约4.61万人。金口河区在汉代的时候，属于南安县管辖，唐朝时期又改为嘉州管辖。1959年，金口河区划归凉山彝族自治州管辖，1970年后又由乐山代管。1979年，国务院批准设立金口河县级工农区。1985年，乐山撤地建市后成为乐山市市辖区。金口河区是享受少数民族自治县待遇的县级区，也是四川省唯一不对外开放的区。金口河区作为攀西地区通往成都平原经济区、川南经济区的交通咽喉，交通便捷，成昆铁路、国道245线穿境而过。随着成昆铁路复线、峨（眉）汉（源）高速等重大交通工程的推进，金口河的区位优势将得到全面提升。

◎ 经济社会发展

近年来，金口河区紧扣"绿色崛起、美丽发展"的主题，全区干部群众苦干实干，经济发展取得喜人成绩。2018年，全区地区生产总值38亿元，全社会固定资产投资31.3亿元，地方一般公共预算收入2.17亿元，社会消费品零售总额10.76亿元，城镇居民、农村居民人均可支配收入分别达到33665元、14276元。全区加快国家生态文明建设先行区、大小凉山脱贫攻坚示范区、中国最美峡谷旅游目的地、乐山水电能源综合开发基地、乐山绿色有机农产品基地"两区三地"建设，先后建成总装机107万千瓦的枕头坝一级和沙坪二级水电站，水电产业占规模工业总产值比重近40%。全区发展乌天麻、红豆杉、川牛膝等特色优势产业基地20余万亩，红豆杉产业被列入国家"星火计划"项目，乌天麻、川牛膝获国家地理标志产品保护，茶叶、花椒、蔬菜、牛膝被认定为四川省无公害农产品。

◎ 文化旅游资源

金口河区是典型的大山区，境内山峰林立、沟谷深险。独特的地理位置、地形地貌，造就了独特的自然风光。小凉山"彝族年""火把节""拜本主会""密枝节""跳歌节"等彝族风情与雄奇险峻的自然风光深度融合，让这片神秘的土地更加让人心驰神往。这里除了拥有四川大瓦山国家湿地公园、四川大渡河峡谷、金口河大瓦山五池水利风景区等著名旅游景区外，还有铁道兵博物馆、关村坝火车站、乐西抗战公路等景点。这里具有少数民族特色的美食也能极大地满足味蕾，比如，深山腊肉、天然野菜、柴火烧鸡、石磨豆花、高山土豆、天麻炖土鸡、炖鱼等等，各种各样的食物不仅味道好，并且价格便宜。

转转花海。转转花又叫报春花，因为花朵绕着主干一圈一圈的开放，所以被叫作转转花。每年夏初，在大瓦山海拔2500米处，上万亩转转花竞相开放，与杉林、绿萝等相映成趣，倘若梦幻世界。2017年，金口河区举办了"追梦大瓦山·花漫金口河"首届转转花文化旅游节，吸引了大批游客。现在这个景点已成为全区热门的景点之一。

峡谷第一村。峡谷第一村是永和镇胜利村的别称，这个村位于大渡河大峡谷峭壁上，也被称为"云端上的村庄"。目前，胜利村不仅对"云端"移民进行了整体搬迁，还把这里打造成为赏花摘果、欣赏峡谷胜景、徒步山地旅游、休闲养生体验的风景区，每年到这里旅游、观光的游客络绎不绝。

关村坝火车站。关村坝火车站位于大渡河金口大峡谷景区内，这样游客可以在坐火车的过程中下车到峡谷观光。这里是全国唯一的洞中火车站，是一次性爆破炸山填堑而成，也被称为"一炮炸出来的火车站"。这个铁路备受中央高层领导的关注，邓小平、彭德怀、贺龙、李井泉、吕正操、华罗庚等领导都曾亲临关村坝隧道视察。

乐西抗战公路。乐（山）西（昌）公路是抗战时期为从昆明、西昌转运战略物资而修建，是唯一一条联通国际通道——滇缅公路和中印公路的战略通道。这条公路仅用两年修建而成，伤亡3000多人，被称为用"血肉筑起的长路"。在这段公路的蓑衣岭上有一块"蓝褛开疆"字碑，记载了筑路者们的英雄壮举，也记录了中国公路开发边陲、发展经济、支持抗战的丰功伟绩。

峨眉山市

——云上金顶　天下峨眉

◎ 市情简介

　　峨眉山市是乐山市辖县级市，位于四川盆地西南边缘，面积1183平方千米，辖15个镇、3个乡，常住人口约45.6万。峨眉山市是全国首批国家旅游综合改革试点县，先后荣获中国优秀旅游城市、全国卫生城市、全国园林城市等称号。峨眉山市历史悠久，因山得名，最初属于古蜀国管辖，到蜀汉时期至两晋、南北朝又属犍为郡、南安县管辖地，北周时期正式建立平羌县，隋朝改名峨眉县，民国时期和新中国成立后设峨眉县，1988年撤县建市。区域内交通便捷，成昆铁路、乐雅高速、乐峨高速、成绵乐城际铁路等在这里交汇通过，峨眉山市已成功跻身成都半小时经济圈。特别是成绵乐城际铁路的顺利通车和运行，将峨眉山市带入"高铁时代"。

◎ 经济社会发展

　　近年来，峨眉山市围绕"一个总体定位、三大发展战略、七项专项行动"的"137"发展总体思路，即围绕打造"绿水青山典范城市"总体定位，大力实施"生态立市、文旅兴市、产业强市"三大发展战略，扎实推进"建设世界重要旅游目的地核心区、培育优势产业集群、品牌提升、社会治理、环境提升、乡村振兴、走进群众"七大专项行动带动全市经济社会快速发展。2018年实现地区生产总值275亿元，全社会固定资产投资176.5亿元，地方一般财政预算收入16.1亿元，社会消费品零售总额128.5亿元，城镇和农村居民人均可支配收入分别为34354元、17464元。2018年，全年接待中外游客1570.6万人次、实现旅游综合收入299.5亿元。近年来，峨眉山市大力推动峨眉山国际旅游度假区、"只有峨眉山"实景演艺等项目建设，成功举办旅博会、茶博会、世界传统武术锦标赛、佛光花海音乐节等重大赛事活动；积极做大做强"一桶水、一杯茶、一瓶酒、一盅汤"四大绿色产业，积极培育"一套拳""一台戏""一首歌""一根针""一展会"等新业态，构建起以绿色建材、食品饮料、文旅康养、城市经济为主的现代产业体系；加快实施乡村振兴战略，以建设国家现代农业产业园、川菜直供港澳试点基地为抓手，启动6000亩高标准茶园示范基地建设，打造云放茶园等5个茶旅融合示范点，水果、蔬菜、地道药材种植面积突破50万亩。

◎ 文化旅游资源

峨眉山市因山得名，是一座有着1400多年历史，文化底蕴深厚的古城，境内的峨眉山风景区是世界自然与文化遗产、国家5A级风景区和中国四大佛教名山之一，素有"仙山佛国""地质博物馆"之美誉。这里地处北纬30度这条神秘的纬度上，儒、释、道文化在此碰撞、融合、演变，形成了以佛禅、武术、茶为核心的峨眉山文化。加上优美的自然风光、悠久的佛教文化、丰富的动植物资源、独特的地质地貌，融合形成了独具魅力的景区景点。这里除了享誉世界的峨眉山风景区和大佛禅院文化旅游景区、仙芝竹尖生态茶园、四川旅博天地等著名的旅游景区外，还有农夫山泉峨眉山工业旅游示范基地、峨秀湖度假区等景点。

在峨眉城区的易镇、美食休闲文化长廊、峨眉"好吃街"等等地方，集合了峨眉豆花、萝卜汤、烧鳝丝、汤锅等特色美食。尤其是峨眉素斋更是峨眉山美食的代表之一。峨眉特产也很多，竹叶青、峨眉雪芽等是享誉中外的名优特产雪魔芋、峨眉竹笋、中药材等是很有特色的地方产品。

农夫山泉峨眉山工业旅游区。景区坐落于峨眉山风景名胜区外围保护地带，周边青山延绵、云雾缭绕、林茂谷幽、绝壁挺立，是一幅绝美的山水画卷，景区内现代企业文化内涵丰富，现代科技与自然生态完美融合，是外地游客除乐山大佛、峨眉山后周边游的首选地。2018年10月，成功创建为国家AAAA级旅游景区，被省教育厅评为四川省第一批研学基地、被省科技厅评为四川省科普基地。至此，景区成为"工业+旅游+研学+科普教育"于一体的特色旅游景区。

峨秀湖景区。峨秀湖景区位于峨眉山市区，紧邻峨眉山5A风景区，面积5平方千米，水域面积0.7平方千米，境内有成绵乐城际铁路峨眉山站，是峨眉重要的滨水景观区、景区内的都市风景区、城市慢生活体验区。景区内的文化长廊、秀湖广场、四季渔歌、滨水栈道、灵韵双桥、远眺金顶、戏猴长廊、佛光塔影、百鸟归巢、卧波虹桥构成了独具特色的秀湖十景。

犍为县

——开往春天的小火车

◎ 县情简介

犍为县位于岷江下游、四川盆地西南边缘、幅员面积1375平方千米，辖12个镇18个乡，常住人口57万，是全省第二批扩权强县试点县。犍为县历史悠久，西汉置犍为郡，隋开皇三年设犍为县，犍为县名沿用至今。历史上，犍为县的隶属多次更改，到1985年5月，撤销乐山地区，改为乐山市，犍为县属乐山市管辖。犍为县交通便捷，区位优越，乐宜高速、国道213线、岷江黄金水道纵贯全境，建设中的岷江航电、成贵铁路、仁沐新高速和拟建的乐山港（高石坝作业区）、连乐货运铁路（延伸段）、大件路在此交汇，是全国、全省"四好农村路"示范县，被列入"全国城乡交通运输一体化示范县"第一批创建县。

◎ 经济社会发展

近年来，犍为发展迅速、后劲十足。2018年，全县实现地区生产总值171.02亿元；规模以上工业增加值同比增长9%；全社会固定资产投资117.57亿元；社会消费品零售总额66.77亿元；地方一般公共预算收入6.69亿元；城镇居民人均可支配收入33935元、农村居民人均可支配收入14733元。近年来，犍为县围绕打造"新型工业城"，启动总规划面积100平方千米的乐山高新区犍为新型工业基地建设，打造全省临港产业示范区。犍为竹浆纸产业园被列入四川省首批26个特色产业基地。围绕打造"中等宜居城"，推进"五镇同城""八区并进""组团发展"，建成除乐山中心城区外规模最大的县城，正积极争创四川省十大宜居县城。围绕打造"综合文旅区"，加速开发"一核四极"核心景区，打造"古韵犍为"文旅品牌，推进全域旅游发展，成功创建四川省旅游强县、全省十大"最休闲"区县旅游目的地等。围绕打造"次级枢纽区"，加速推进岷江航电犍为、龙溪口枢纽等重大交通枢纽项目。围绕打造现代农业强县，坚定不移发展花茶等特色农业，分别建成茉莉花、茶叶面积8.3万亩、25.2万亩，是全省最大的茉莉花茶产业基地和全国唯一既有花又有茶的产区，已被列入国家现代农业示范区和全省首批乡村振兴规划试点县。

◎ 文化旅游资源

犍为县历史文化底蕴深厚，历史人文遗存丰富。这里有百年历史的犍为嘉阳小火车，有千年历史的犍为文庙、有形成约万年前的湖泊桫椤湖，有与恐龙同时代亿年之前的桫椤树，还有历史文化名镇清溪镇、罗城镇，形成了"百年火车、千年庙镇、万年湖泊、亿年桫椤"等独具魅力的文旅景观。犍为的美食属川菜分支嘉阳河帮菜（嘉阳菜）核心区域，传统美食、小吃众多，是"吃货"们来乐山旅游的必去之地。如犍为酥芙蓉、夹丝豆腐干、犍为薄饼、豆腐脑、活脱粉等。犍为特产也很有名，比如，犍为茉莉花茶、犍为麻柳姜、罗城牛肉、龙孔大头菜等。

不仅如此，犍为县的传统民俗文化也多姿多彩，最有代表性的是祭孔典礼，这些丰富的民俗文化是犍为千年历史文化的缩影。

金石井古镇。 金石井古镇位于犍为县东北边缘，因古时开凿盐井时候，发现井内有一块金黄色的石头，因此而取名金石井。这里古迹众多，而且出土文物是古蜀国时期的遗存，现今还有八角坟、战国墓、飞鼠洞等古迹存在，科考和观赏价值都很高。

泉水溶洞群。 泉水溶洞群位于四川省犍为县城西北泉水镇。溶洞群共有5个洞，幅员面积5平方公里，四周都被桫椤树包围着，一年四季树木葱茏、苍翠欲滴。

井研县

——状元之城　文秀井研

◎ 县情简介

井研县位于四川盆地西南部，是乐山市东部门户，面积840平方千米，辖10个镇17个乡，常住人口约30.2万人。井研县是国家文化部命名的"中国民间文化艺术之乡"，也是四川唯一中国农民画之乡，全国产粮大县和生猪调出大县、四川省现代农业示范县。在古代，井研县境内盛产精纯的井盐，因"研"可作"精"字解释，且与"盐"音相近，故名井研。在古代，井研县属于蜀国的管理范围。汉代的时候，设置武阳县井研镇，之后井研县的管辖和归属一直在不停的更换，1985年，批准成立乐山市后，井研县归属乐山市管辖。井研地处成都平原、川南和攀西经济区的结合部，是乐山向东、向北、向南开放的重要门户。近年来，井研县大力实施交通攻坚大会战，打通"三高三铁三干道"交通大动脉，已基本形成"两高一铁一干道"格局，成功融入乐山中心城区"半小时经济圈"，进入天府新区和简阳机场"一小时时空圈"。

◎ 经济社会发展

近年来，井研县经济社会取得长足发展。2018年，全县地区生产总值95亿元，全社会固定资产投资增长15%，地方财政一般预算收入3.6亿元，社会消费品零售总额增长12.5%，城镇和农村居民人均可支配收入分别为30203元、14678元。近年来，井研县立足全省农产品主产县功能定位，加快百里产业环线建设，打造集粮经复合、种养结合、三产业融合的多生态基地，建设全省现代农业示范县。乐自高速、仁沐新高速、井乐快速通道建成通车。境内纺织服装、食品加工等产业发展稳定，中国西部家居特色小镇建设项目加快推进。积极打造丘区生态园林城市，实施节点改造和风貌塑造，把悠久的历史文化嵌入城市发展规划。大力实施茫溪河"引水、净水、活水"工程，建设茫溪河补水及生态湿地公园。实施特色品牌创建工程，"成都战役·首战遗址"竹园红色经典小镇、"九子十翰林·雷畅故居"、千佛国学文化小镇，中国农民画村等特色镇、特色村等项目加快推进。

◎ 文化旅游资源

井研人自古以来崇尚习文，宋明清三代，曾出过1名状元、4名宰相、87名进士，有"盐利冒于西蜀、人物媲于上州"的美誉，这里历史人文遗迹较多，除了有全国重点文物保护单位三江宋塔外，还有雷畅故居、朱氏节孝坊等旅游景点。井研也是丘区农业大县，农副产品特产很多，比如哈哥兔肉干，何郎面、顺溜血橙、镇阳彩薯等。这里的小吃也很多，如马踏羊肉汤、斗鸡菇、泡椒兔等。井研县充满乡土气息的农民画也很有名，曾被中宣部选中作为社会主义核心价值观的宣传画在全国推广。

雷畅故居。雷畅故居，位于井研县千佛镇民建村茫溪河畔，是国家3A级景区，也是乐山市最古老、保存最完整、规模最大的的清代民居建筑。相传雷畅的九个儿子先后成为翰林院翰林，连唯一的女婿也中了翰林，因此民间有"九子十翰林"美谈，正因为这样，这里成为求学上进沾灵气的好去处。

竹园烈士纪念园。竹园烈士纪念园位于井研县竹园镇，是四川省爱国主义教育基地，是为纪念在竹园铺战役中牺牲的69位革命烈士而修建的。如今，昔日硝烟弥漫的竹园铺，已呈现欣欣向荣的繁荣景象，成为了广大干部群众凭吊革命先烈，进行爱国主义教育的重要场所，每年前来凭吊的干部群众络绎不绝。

朱氏节孝坊。朱氏节孝坊位于井研县与自贡市荣县交界处原广胜乡（今属竹园镇），是清道光年间修建的仿木石质牌坊，上面用造型生动、雕刻细腻的图案和人物，生动再现了朱氏节孝事迹，让其孝贤德行流芳千古。

雷氏宗祠。位于井研县千佛古镇，是一处建于明代的家族祠堂建筑，属于雷氏家族祭祀祖先和先贤的场所。雷氏宗祠占地近1000平方米，大门由青砖层叠，上有精美大气的浮雕彩绘。如今，该建筑依旧保留着历史古韵原貌。

熊克武故居。熊克武故居位于井研县城的"盐井湾"（今属研经镇），是著名的民主革命战士熊克武的居所。里面陈列着熊克武用过的笔、书、眼镜、收音机、扇子等物品，2012年被四川省人民政府列为省级重点文物保护单位。

夹江县

——千年纸乡　瓷都夹江

◎ 县情简介

夹江县位于四川盆地西南边缘向峨眉山中山区的过渡地带，面积749平方千米，辖11个镇11个乡，常住人口33.2万人。夹江历史悠久，在春秋战国时期，夹江县境属于蜀国管辖之地。到隋朝的时候，分别划了龙游县和平羌县的一部分地方，新建了一个县，因为这个县所在地有两山对峙，一弯水从中间流出来，所以被命名为"夹江县"。后来，夹江县分别归嘉州、嘉定府等管辖。1949年夹江县解放后归属眉山专区管辖，1953年归属乐山专区，1985年，设立乐山市，夹江县归乐山市管辖。夹江县区位优势明显，交通条件优越，古有青衣江水运要道，今有成乐高速公路、乐雅高速公路过境，省道S103线和省道S305线在境内交汇。成昆铁路贯穿全县，乐山北站位于夹江县城，是成攀沿线最大的标准集装箱站，年货运吞吐量达120万吨。夹江距离成都双流机场1小时车程，是川西南重要的交通枢纽和物资集散地。

◎ 经济社会发展

夹江是西部陶瓷生产、销售、配套中心，被国家工业和信息化部列为"全国产业集群区域品牌建设陶瓷产业试点地区"。2018年，全县实现地区生产总值156.87亿元，固定资产投资125.98亿元，社会消费品零售总额68.05亿元，地方公共财政收入8.2亿元，城镇居民人均可支配收入34232元，农村居民人均可支配收入17078元。近年来，夹江县抢抓机遇，依托县域内军民融合发展企业，积极发展核技术应用和军工配套等产业，打造国家级"军民融合产业示范区"。目前，县域现代农业蓬勃发展，茶叶、蔬菜、石斛等种植业极具特色，焕发出勃勃生机。目前，全县初步形成了25万亩茶叶、20万亩蔬菜、20万亩竹林、20万亩粮油的产业基地规模，正奋力打造全国出口绿茶第一县、直供港澳蔬菜基地，农业产业化龙头企业日益壮大。借乐山建设国际旅游目的地的强劲东风，第三产业乘势发展，念好堰字经、做好水文章、打好生态牌、唱好文化戏，以"门户小镇""门户名片""门户通道"的建设，打造名副其实的乐山北大门。

◎ 文化旅游资源

夹江县底蕴深厚、文化灿烂，夏朝时"为梁州之域"，商周时"其地皆在蜀境"，这里有青衣江等多条河流，山峰起伏蜿蜒，峰峦重叠，自然生态环境较好。境内的东风堰是我国首批世界灌溉工程遗产，夹江"手工竹纸制作技艺"和"夹江年画"被列入国家级非物质文化遗产名录。此外，还有千佛岩摩崖造像、杨公阙等107处文物重点保护单位（点），历史人文景观丰富。这里还有夹丝饼、夹江兔头、蒸泡粑、夹江叶儿粑等特色小吃。

夹江杨公阙。夹江杨公阙位于夹江县甘江镇双碑村，是全国重点文物保护单位，为古建筑类遗迹，是三国时期益州太守杨宗的墓阙。杨公阙坐南向北，双阙并立，相距13米，高4.86米，底宽1.25米，厚0.88米，红砂石质。杨公阙整体保存较好，各种仿木结构建筑部件雕刻，为研究古代建筑提供了实物资料，极具考古研究价值。

碧云山野森林公园。碧云山野森林公园在乐山北、夹江南约三十公里交界处，因为里面有宋代修建的碧云亭而得名，被人称为"九盘胜境"。公园内现存的古代建筑，是清代修建的川主祠，现称为二郎庙。公园内植被繁茂，树种以松树为主。自然风光和人文景观非常丰富。杨羣的《碧云亭记》写的就是这里的风光，一直流传至今。

木城桫椤沟。木城桫椤沟位于夹江县木城镇境内的大旗山，里面桫椤繁多，由于位于山沟中，所以至今没有被开发，每年吸引很多游客慕名而来。桫椤沟旁边有庞坡洞，相传是汉代庞德公隐居之处，地形复杂，至今无人敢深入探究。进入桫椤沟，令人心旷神怡，越过嶙峋怪石，不时惊起飞鸟，仿佛进入世外桃源。

沐川县

——生态沐川　草龙故里

◎ 县情简介

沐川县位于四川盆地西南边缘小凉山余脉五指山北麓，面积1408平方千米，辖7个镇12个乡。常住人口26.1万人。沐川周为僰地，汉代归属犍为郡管辖，元设长官司，1942年正式成立沐川县。沐川是全国生态文明示范工程试点县、中国竹子之乡、全国绿化模范县、中国最佳绿色生态旅游名县、国家级生态示范区、全国林业科技示范县、全国魔芋产业重点县、四川首个无公害农产品基地县、全省林业产业发展重点县、首批省级生态县、四川省乡村旅游示范县、四川电商扶贫生态发展特色县、第二批"四好公路"省级示范县、全市首个省级有机产品认证示范县。县城距成都240千米、乐山100千米，G213线、G348线贯穿全境，乐宜高速倚境而过，仁沐新高速、五犍沐快速公路沐川段建成通车，是四川连接云南、乐山进出凉山的重要通道和交通节点，交通便捷，区位优势较好。

◎ 经济社会发展

近年来，县委、县政府坚持"生态发展、绿色崛起"总体取向不动摇，加快推动经济社会发展，综合实力明显增强。2018年，全县地区生产总值60.68亿元，全社会固定资产投资49.49亿元，地方一般公共预算收入3.21亿元，社会消费品零售总额30.08亿元，城镇和农村居民人均可支配收入分别为29953元、14254元。沐川县大力推进一、二、三产业融合发展，形成了林竹、茶叶、猕猴桃、林下养殖、生态水产等优势主导产业，有各类现代特色农业基地53万亩，生态乌骨鸡、山羊等养殖规模达480万只（头）。有四川名牌产品4件，认证"三品一标"基地43万亩、农产品41个，市级以上农业重点龙头企业17家、农民专合组织278家。制浆造纸、竹木型材、生态食品、竹资源综合利用等产业不断发展壮大，有国家高新技术企业1家、省级创新型企业2家，建成省、市级工程技术研究中心2个。境内的"三馆三园三街"和龙门大峡谷漂流正式对外开放，《乌蒙沐歌》实现常态化商演，底堡荷花、建和樱花、箭板李花等乡村旅游业态初步形成。初步构建起农产品冷链物流体系，引进阿里巴巴"村淘"项目，建有电商孵化基地。

◎ 文化旅游资源

沐川历史悠久，古属梁州，周为僰地，唐称沐源川，宋置沐川寨，元设长官司，1942年建县。拥有僰人悬棺、摩崖造像、永济桥等一批历史遗迹和人文景观。同时，沐川县森林覆盖率达77.34%，空气质量优良率达到98.6%，被誉为"中国天然氧吧"。这里有获得吉尼斯世界纪录并列入国家非物质文化遗产名录的沐川草龙，有绵延万顷的沐川竹海、诗意十足的桃源山居、湖光山色的舟坝库区、原始幽深的沐川国家森林公园，有进入上海世博会可与丝绸刺绣媲美的沐川竹编，有自编自导自演的原生态大型山水实景剧《乌蒙沐歌》和独具魅力的特色古镇、竹茶文化，还有沐川醉氧天街景区、龙门峡谷漂流等旅游景点景区。这里产的甩菜、苦笋、猕猴桃、黄姜等特产也别具风味。

沐川醉氧天街。沐川醉氧天街位于沐川县新老城区结合部，是国家3A级景区。这里占地12公顷，由醉氧天街、醉氧公园、沐溪翠湖三大功能区组成，国道213线依景区而过。在这里，千年"通灵古井"、通灵绿阁、飞天广场、醉卧凉亭等景点相映成趣，成为集休闲康养、娱乐住宿、旅游购物等为一体的特色旅游街区。

龙门峡谷。龙门峡谷位于沐川幸福新城，这里，竹林婆娑，层山葳蕤，四季常青，云遮雾绕，峡谷内有刺激的竹海峡谷漂流。沐川的峡谷漂流据河道落差和水流急缓分为3个漂段，上游落差大，为激情冲浪区，中游较为平缓，为竹海观景漂；下游更加平缓，为悠闲娱乐漂。

　　沐川国家森林公园凉风坳景区。距沐川县城27千米，有原始森林带1.83亩，城内峰峦叠嶂、古树参天、灌木丛生、藤萝缠绕，形成绿色长廊，是理想的避暑之地，里面有峨眉含笑等10多种国家重点保护植物，主要景点有抄手岩、九老坪、罗锅幽、一线天等30余处。

　　黄丹溶洞。黄丹溶洞位于沐川县黄丹镇，是省级森林公园，属喀斯特峡谷和溶洞景观。在溶洞里，怪石嶙峋，石笋、石柱、石花、石幔、石塔等各种石钟乳随处可见。溶洞发育较成熟，保存较完好，有"山在峨眉、佛在乐山、洞在黄丹"的美誉。

峨边彝族自治县

——彝族美神故里　梦幻山水迷都　地磁康养胜地

◎ 县情简介

峨边彝族自治县位于四川省西南部的小凉山区，与佛教圣地峨眉山毗邻，辖6个镇、13个乡，常住人口13.4万人。峨边历史悠久，早在新石器时代，峨边所辖区域就有部落在这里繁衍生息。汉代时期，汉武帝派兵西进，开发"西南夷"，汉民族开始迁入这里，所以在这里设置了州郡。唐朝朝廷为了"招慰"僚人，在这里设立了罗目县；宋朝的时候又划归峨眉县管辖；清朝从峨眉县分出设峨边抚夷厅，民国时改厅为峨边县。1950年峨边县人民政府成立，1984年经国务院批准成立峨边彝族自治县，隶属乐山地区。峨边彝族自治县交通相对便捷；成（都）昆（明）铁路经过县城，省道S306线穿过县境，村通公路率达80%。目前在建成昆铁路新线峨边段，建成后峨边到成都只需一个半小时，到凉山两个半小时，将极大改善峨边交通条件，提升峨边区位优势。

◎ 经济社会发展

近年来，峨边彝族自治县始终紧扣"致力绿色崛起、建设美丽峨边"主题，大力推进交通大会战、脱贫大攻坚、旅游大开发、城乡大统筹，经济社会取得长足进步。2018年，全县地区生产总值47亿元，规模以上工业增加值增长11.2%，全社会固定资产投资完成37.2亿元，社会消费品零售总额完成18.8亿元，地方一般公共预算收入实现3.42亿元，城镇居民人均可支配收入达到11091元，农村居民人均可支配收入达到30282元。交通会战全面实施，坚持将交通建设作为基础性、先导性、战略性产业，挂图作战，倒排工期，在苦干实干中赢得主动，在合力攻坚中实现突破。交通建设从南到北，从东到西，大干快上的局面全面形成。旅游开发蓄势待发。紧盯建成"三位一体国际旅游目的地"目标，全面理清全域发展思路，扎实推进黑竹沟规划修编，加快温泉中心、旅游车站、地磁酒店等旅游开发项目建设。城乡统筹开启新篇。坚持以改善人居环境为首位目标，破除地势瓶颈，克服空间制约，开启美丽城乡崭新画卷。紧盯建成"国家生态文明建设示范县"目标，实施《生态文明建设五年规划》，持续发力整治"六大秩序"，成功创建省级卫生县城，列入国家重点生态功能区，城乡面貌极大改观，生态环境质量明显提升。

◎ 文化旅游资源

峨边彝族自治县是彝族美神"甘嫫阿妞"的故里，这里的彝族文化既与大凉山一脉相承，又有小凉山地域特色，是距离成都最近的彝族文化展示窗口。浩渺神秘的彝族毕摩经卷，教人礼善的教育经典《玛牧特依》，语言艺术的精粹《尔比》《克哲》等，都是流传至今的彝族文化的精品。峨边境内崇山峻岭，绵亘起伏，巍峨磅礴，沟壑纵横，具有"一山分四季，十里不同天，山顶戴雪帽，山脚百花开"的垂直气象景观，旅游资源禀赋优异，原始森林、田园山色、峰林石柱、高峡平湖，著名的风景名胜黑竹沟景区就在这里。峨边彝族自治县的美食也独具特色。这里的峨边花牛、峨边羊肉、峨边竹笋、峨边炸洋芋、峨边老腊肉、峨边河鱼，坨坨肉、酸菜汤、泡水酒、酸菜豆花、玉米粑等特色美食独具风味。这里产的竹笋是国家地理标志保护产品，马铃薯是国家农产品地理标志产品，还有猕猴桃、藤椒等特产。

黑竹沟温泉。黑竹沟温泉位于峨边与黑竹沟景区之间的金岩乡热水村。经四川省地质勘探局岩土水质检测中心鉴定，黑竹沟温泉水中含锶、锂、硼、氟、偏硅酸、硫化氢及微量氡和金，达到国家医疗矿泉水标准。目前建有13个洗浴池，有室外温泉游泳池、室外温泉泡池、室内温泉冲浪池、干蒸房、温蒸房等。

马边彝族自治县

——山水彝乡　秀美马边

◎ 县情简介

马边彝族自治县位于四川盆地西南边缘小凉山区，辖5个镇，15个乡，辖区面积2304平方千米，常住人口18.9万。马边有人类活动的历史可追溯到春秋战国时期，县境在蜀郡的南安、僰道两县内。汉时位于当时的犍为、越西两郡的南安、僰道、卑水三县结合部。后归属多次更改。明朝时期，这里增设马湖安边厅，并派四品官员担任安边厅同知，并且建立了军事组织"马边营"，马边之名由此产生。1949，马边解放，成立马边县人民政府，隶属川南行署乐山专区管辖。1956年马边县划归凉山彝族自治州，由乐山专区代管。1984年国务院撤销马边县建立马边彝族自治县正式划归乐山管辖。马边彝族自治县地处乐山、宜宾、凉山结合部，是云南近邻的重要地理交通区位，正全力打造仁沐新高速马边支线、乐西高速及马边至美姑，马边至屏山新市镇公路等七条通道，建成乐山市中心城区至县城、县城至乡镇"两个一小时"的交通运输路网。

◎ 经济社会发展

马边作为国家扶贫开发工作重点县、大小凉山综合扶贫开发县、乌蒙山片区区域扶贫开发县和省级深度贫困县，是中央纪委监委、省纪委监委定点帮扶县，浙江省绍兴市越城区东西部扶贫协作县，峨眉山市对口援彝帮扶县，四川省扩权强县试点县。近年来经济社会发展取得显著成效。2018年，全县实现地区生产总值40.8亿元，全社会固定资产投资51亿元，规模以上工业增加值增长10.5%，财政一般公共预算收入3.8亿元，社会消费品零售总额20.69亿元，城镇居民人均可支配收入30960元，农村居民人均可支配收入11325元。马边以建设全国少数民族地区脱贫攻坚示范县、南丝路古彝文化生态旅游走廊为目标，举全县之力、集全县之智，下足"绣花"功夫，扎实推进脱贫攻坚，取得了阶段性成效。围绕"1267"发展战略，坚持"工业强县，农业富民，旅游兴业"，实施"6+X+6"产业发展模式，投入产业发展资金8322.4万元，实施种养殖项目187个，成功举办第二届中国小凉山采茶节和第三届小凉山火把节系列活动。全面推广"六大激励奖励"，累计发放125.2万元奖励5184户贫困户，极大的坚定了贫困群众脱贫信心和决心。连续四年被省委、省政府表彰为"大小凉山脱贫攻坚先进县"。

◎ 文化旅游资源

马边历史悠久、人文浓郁、风光秀丽，是中原文明和西南少数民族文化的交流、交融、交汇之地。县内森林康养、高山探险、民族风情、茶马古道、名人轶事、珍稀动植物、农业休闲观光和历史文化遗迹等旅游资源丰富。这里除了有大风顶国家级自然保护区、荍坝古镇等有名景区外，还有马边烟峰彝家新寨、马边玛瑙苗寨、万担坪峡谷、民建镇明王寺、汉墓群、石梁立佛、古城池等旅游景点。这里带有民族特色的地方小吃尤其出名，如坨坨肉、烤乳猪、马边抄手、火烧洋芋、圆根酸菜等，让人垂涎欲滴。这里特产丰富，绿茶、天麻、竹笋都远近闻名。

马边烟峰彝家新寨。位于烟峰乡政府，国家2A级景区，是进入大风顶自然保护区及矿区的必经之地。这里的民俗博物馆，收藏了彝族生产生活和宗教文化器具，是彝族独特的生活习俗、宗教文化、建筑艺术等直观、生动、原汁原味的展现。烟峰彝家新寨为全国最大最完整的彝族穿斗式建筑。

马边玛瑙苗寨。马边玛瑙苗寨位于马边彝族自治县民主乡，是国家2A级景区，乐山市最大的苗族聚集点。因地处海拔1200米的山巅之上，俗称"云上苗岭"。寨子建筑依山就势，鳞次栉比，错落有致，呈线性布局。苗族特色鼓楼既有宝塔式的建筑艺术，又有苗族吊脚楼的建筑风格，非常适于游览观瞻。

万担坪峡谷。 万担坪峡谷位于马边河上游，距马边县城110千米，全长6千米，峡谷绝仞千辟，悬崖万丈，草木葱茏，美轮美奂。谷底怪石嶙峋，潭瀑相连，风光秀丽，珍稀动植物众多，极具观赏考察价值。

民建镇明王寺。 明王寺位于马边彝族自治县民建镇光明村，始建于明代成化初年，是省级非物质文化遗产，拥有全国罕见的彝族悬托石佛，这批彝族悬托佛像出现彝族造型，对于研究大小凉山彝族历史文化与佛教文化渊源有重要的参考价值，佛像保存较为完整，旅游观赏价值也很高。

乐山国家高新区技术产业开发区

——总部经济　创新高地　现代新城

◎ 区情简介

乐山国家高新技术产业开发区位于乐山市中心城区大渡河南岸，辖区面积约80平方千米，代管市中区车子、安谷两个乡镇，人口约5.5万人。乐山国家高新技术产业开发区是国家硅材料开发与副产物利用产业化基地、四川省"51025"重点培育的特色产业园区、中关村科技成果产业化基地和四川西南高新技术产业化发展的重要基地。乐山高新区前身为成立于1992年的省级经济开发区，1996年经省政府批准更名为乐山高新区，2012年8月经国务院批准升格为国家高新区。乐山高新区位于峨眉山—乐山大佛旅游景区环线，三面环水、三江拥抱，区位优势明显、交通便利、基础设施完善、生态优美，是发展总部经济的理想之地。

◎ 经济社会发展

近年来，乐山高新区大力实施"一总部三基地"发展战略，以总部区核心，联动五通桥、犍为、夹江三个基地建设，通过打造"总部＋基地"功能链条，推动乐山工业集中、集约、集群发展。乐山高新区是乐山"两航、五铁、十高速"综合立体交通网络的重要节点。园区对岸大件码头可直通长江沿岸各港口，乐山、沙湾、峨眉3个火车站均在25千米的半径范围。区内路水、电、气、通信、光纤、排水、排污等基础设施完备。乐山高新区拥有全市唯一国家级科技企业孵化载体（乐山高新区创业服务中心），现有孵化面积2.7万平方米，累计孵化企业约150家。乐山高新科技孵化器A园（盛泰工业孵化港）被评为省级中小企业创业示范基地称号。乐山高新区投资环境优良，推出了加快总部经济集聚发展的本土计划、归巢计划、巴蜀计划、比邻计划"四大计划"，鼓励和支持世界和全国知名大企业大集团、本土企业总部入驻高新区；对入驻园区的重大的项目，采取"一事一议""一企一策"特事特办的方式予以优惠；将市政府授予的85项行政许可权力集中到高新区行政审批局，对投资项目实行一窗受理、全程代办。

◎ 文化旅游资源

乐山高新区不仅是拉动乐山经济社会发展的新引擎、是投资的沃土，还是一处风景优美、历史悠久的名胜古迹。乐山有名的小吃，安谷炖蹄花就在这里。

故宫文物南迁史料陈列馆。位于四川省乐山市市中区安谷镇泊滩村。这里曾经是九千多箱故宫南迁文物抵达安谷的第一站，附近有第一文物库房——古佛寺、存放文物数量最多的第二库三氏祠和文物卸载码头顺河场等南迁旧址。陈列馆免费对外开放，是为了纪念故宫国宝南迁过程中，中华儿女至死不渝守护国宝的南迁精神，教育后人珍视文物、勿忘历史。

泊滩堰。泊滩堰位于乐山市市中区安谷镇境内，处于大渡河右岸，是无坝明渠引水渠堰。这个渠堰是明代古渠，起于安谷大渡河，下至岷江，贯穿整个高新区域，全长约16千米。在泊滩堰灌范围内星罗棋布地建有数以百计的祠堂、庙宇、汉墓，足见其历史文化悠久繁荣。目前，泊滩堰有效灌面3.53万亩，以灌溉为主，兼顾旅游观光、余水发电。

洛都寺。始建于唐宪宗元和十年（809年），由河南僧人怀慧发起修建，因思念故乡取名洛都寺，距今已有一千二百年历史。清朝康熙初重建，1942年被驻乐军队毁庙，1998年再建。古刹"洛都寺"位于沫水和若水汇合处右岸、车子镇旁边的乌龟嘴山上，寺庙气宇轩昂，风景独特，与乐山大佛遥相呼应。

后　记

由中共乐山市委宣传部组织编写的《快乐之城·自在乐山》即将付梓。我们致力于把这本书打造成记叙乐山历史与现状的外宣读本，力求全面介绍乐山的历史沿革、人文风光、特产民俗、经济社会发展以及所辖县（市、区）的概况，让这本书既厚重权威又生动鲜活，有较强的可读性、趣味性，希望大家通过这本书，全方位地了解乐山这座历史文化名城、走进这块旅游胜地，爱上这片灵秀宝地。

这本书的编写工作得到了乐山市级相关部门、各县（区、市）以及社会有关人士的大力支持，市地方志办公室负责了前期的组稿工作，市委党史研究室、市发展和改革委员会、市体育局、市教育局、市科学技术局、市经济和信息化局、市民政局、市生态环境局、市住房和城乡规划建设局、市交通运输局、市农业农村局、市林业和园林局、市商务局、市文化广播电视和旅游局、市卫生健康委、乐山高新区、乐山大佛景区、乐山日报社等部门及各县（市、区）提供了详实的资料，贺建平提供了精美的封面图片，罗兴林、陈永毅、唐长寿、邓碧清、魏奕雄、廖淮光、曾炜、孙雁鸣、宋亚娟、何洪金、曹江帆、郑自谦等同志参与了资料收集整理、书稿编撰工作。在此，对他们的辛勤付出一并表示衷心的感谢！

乐山历史悠久，人文厚重，旅游资源丰富，但因篇幅有限，我们在编撰的过程中，也只能有所取舍。比如，在"名诗"章节，选取了30首乐山题材的诗词，其它没有收入其中；"美食特产"章节，也仅仅选取了30种乐山的特产和美食。由于编辑水平有限，不足之处，还望读者包涵和批评指正。

编者

2019年7月

图书在版编目（CIP）数据

　快乐之城·自在乐山/中共乐山市委宣传部编.
—北京：北京师范大学出版社，2019.9
　ISBN 978-7-303-24502-4

　Ⅰ.①快… Ⅱ.①中… Ⅲ.①乐山市—概况
Ⅳ.①K927.13

中国版本图书馆CIP数据核字（2018）第291978号

营　销　中　心　电　话　010-57654738 57654736
北师大出版社高等教育与学术著作分社　http://xueda.bnup.com

KUAILE ZHICHENG ZIZAI LESHAN
出版发行：北京师范大学出版社 www.bnup.com
　　　　　北京市西城区新街口外大街12-3号
　　　　　邮政编码：100088
印　　刷：北京京师印务有限公司
经　　销：全国新华书店
开　　本：710 mm×1000 mm　1/16
印　　张：14.25
字　　数：290千字
版　　次：2019年9月第1版
印　　次：2019年9月第1次印刷
定　　价：52.00元

策划编辑：王则灵　禹明超　　　　责任编辑：王　蕊
美术编辑：李向昕　　　　　　　　装帧设计：锋尚设计
责任校对：段立超　　　　　　　　责任印制：马　洁